# 소래교회사

# 소래교회사

발행일    2022년 3월 28일

지은이    장철수                          편저    장형일
펴낸이    손형국
펴낸곳    (주)북랩
편집인    선일영                          편집    정두철, 배진용, 김현아, 박준, 장하영
디자인    이현수, 김민하, 허지혜, 안유경        제작    박기성, 황동현, 구성우, 권태련
마케팅    김회란, 박진관
출판등록  2004. 12. 1(제2012-000051호)
주소      서울특별시 금천구 가산디지털 1로 168, 우림라이온스밸리 B동 B113~114호, C동 B101호
홈페이지   www.book.co.kr
전화번호   (02)2026-5777                  팩스    (02)2026-5747

ISBN      979-11-6836-237-6 03230 (종이책)        979-11-6836-238-3 05230 (전자책)

큰 구원을 이룬 솔샘(松泉)을 찾아서

# 소래교회사

소래교회와 해서제일학교에서 신앙생활 한
마지막 생존자 장철수 목사

장철수 저 | 장형일 편저

북랩

## 영암(靈巖) 장철수 목사님의
## 100세 축하예배에 대한 축사

합동 증경 총회장 서기행 목사

존경하는 장철수 목사님의 100세 기념 예배에 축사를 드리게 되어 감격스러운 감사와 기쁨이 넘치는 축복 속에서 한국교회 그리고 우리 교단의 자랑스러운 역사의 한 폭 속에서 축사를 올립니다.

저는 전라남도 함평군 엄다면 영홍교회 출신으로, 故 이신영 목사님(장철수 목사님의 장인)의 신앙교육을 통해 저희 온 가문이 예수를 믿게 되었습니다. 저는 이신영 목사님의 사모님 되시는 이신덕 사모님의 격려 속에 장래를 지도받아 신학교에 입학하여 오늘의 목사가 되었습니다.

주후 1955년 4월 총신 예과 합격 소식을 전남 함평군 학교면 백호교회 계신 장철수 목사님(당시 전도사)께 들었을 당시의 그 감격은 지금도 못 잊고 있습니다. 또한 총신 예과 시절에 장철수 목사님(총신 2학년 전도사 시절)께서 저를 친조카처럼 사랑하며 돌보아 주신 것을 늘 못 잊고 있습니다.

이신영 목사님께서는 서울 동막교회(마포 대흥동) 계신 김덕수 목사님께 저를 소개해서 동막교회 중고등부 학생들을 담당한 일도 있었습니다.

저는 목사 안수를 받을 때에 목포노회 노회장으로 계신 장철수 목사님의 안수를 받고 목사가 되었습니다.

부족한 사람이 제89회 합동 측 총회장으로 당선된 후, 저 시골 영흥교회 출신에서 총회장이 나왔다고 책과 화환을 보내주신 이신영 목사님의 아들 이원설 박사(장로, 경희대 부총장)의 사랑을 지금도 간직하고 있습니다.

수도노회 성도교회 위임목사로 장철수 목사님의 장남 장정일 목사님의 위임목사 식순서를 제가 맡게 되었을 때 나의 깊은 감정을 이야기했습니다.

한국의 험악한 국난 속에서 우리 기독교회 혼난 속에서 장로교회의 아름다운 역사를 빛내주신 장철수 목사님께 무릎 꿇고 인사드립니다.

특히 장철수 목사님께서 백세가 되어서도 세례 받으신 한국의 모교회인 소래교회의 역사를 기록하여 출판하게 된 것에 놀랄 뿐입니다.

전남 무안 복길교회, 전남 함평 백호교회, 목포시 목포교회, 서울 신일교회 그리고 신일기도원 등 아름다운 예수님의 발자취를 걸어오신 장철수 목사님의 빛나는 걸음 앞에 넘치는 감사를 담아 축하드립니다.

장철수 목사님은 대화 중에 얼굴에 웃음을 가득 품고 말은 거의 없고 아름다운 웃음으로 대화하시는데, 설교 중에나 노회나 총회에서 성령의 능력을 보이시며 법과 교리와 상식에 철저한 분으로 빛나고 있습니다.

부디 축복된 하나님의 사자들의 자손과 같이 빛나시기를 축하드립니다.


## 100년의 삶을 지켜주신 하나님

소래노회 증경 노회장 이영원 목사

(소래노회 140주년 기념 편찬위원장)

존경하는 靈巖 張哲秀 牧師 上壽 記念『소래교회사』출판을 감사하며 축하드립니다.

목사님의 지난 100년의 삶 가운데는 많은 시련과 굴곡이 있었지만 하나님의 섭리와 주권 가운데 은총으로 돌보아 주셨고, 오늘 은혜의 자리로까지 이끌어 주심에 감사하지 않을 수 없습니다.

장목사님의 저서 『소래교회사』는 서상륜, 서경조 형제를 통해서 소래교회를 설립하고 일제의 억압과 핍박을 받으면서도 기독교의 전파와 이 사회에 빛과 소금이 될 인재를 키울 수 있게 해 주심과 해서제일학교를 통해 수많은 인재를 배출하고 대한부인회. YWCA. 대한적십자사. 서상륜 고영우의 부산선교(초량교회설립). 김필례와 최영우목사의 호남(광주)선교. 소래 청년들의 세브란스에서의 역할 (김명선박사 한국인 초대원장). 고황경의 서울여대 설립, 소래교회 성도들이 1887년 새문안교회 설립에 참여한 것은 한국교회를 위해서 큰 역할을 감당했음을 확인하게 됩니다.

목사님께서는 소래교회에서 허간 목사에게 세례와 집사 임명을, 아들 장정일 목사와 장형일 장로는 유아세례를 받은 것과 평신도목회자로 소래목동교회를 섬기고 80년 성역 중 소래목동교회 당회장으로 자녀에 이르기까지 목회자로 장로로 권사로 온 가정이 교회를 섬기고 있으며 소래목동교회 재건을 위한 전진기지로 신일기도원에 소래목동교회 현판식을 2020년 10월 31일 갖고 북한에 세워질 첫 옛 교회를 생각하면 감회가 새롭습니다.

역사는 현재의 관점에서 과거를 돌이켜 보고 미래로 힘차게 나갈 수 있기에 목사님의 『소래교회사』는 소래교회 성도들의 신앙과 애국심을 이어받아 미래를 짊어지고 나갈 소래 사람들의 자부심을 묶은 책이라 할 것이며. 소래목동교회 재건은 목사님이 100세가 되시도록 건강을 주신 것을 감사하고 잃어버린 소래교회와 소래목동교회의 재건과 말살된 거룩한 이름 '대구면'과 '소래'를 복원하도록, 그 시발점에 세워주셨음을 확신합니다.

『소래교회사』에는 이 땅의 칠흑 같은 어둠 속에 선교의 횃불을 들었던 소래성도들의 신앙과 정신이 이 땅과 민족과 조국에 대한 애국적 헌신이 실려 있는 역사서로 앞으로 우리 사회를 이끌어갈 성도들이 북한에 소래목동교회가 세워질 때쯤이면 북한 선교의 기도가 현실 되리라 확신하는 바입니다.

끝으로 소래교회와 소래목동교회의 회복을 위해 기도하시고 헌신을 다짐한 가족들에게 감사와 격려의 마음을 전하며 오늘의 기쁨과 영광을 지난 100년 동안 목사님 가정을 지켜주신 하나님께 드립니다.

# 저자 소개

靈巖 장철수 목사

## 학력

- 해서제일학교 졸업(소래교회에서 설립)
- 장연성경학교 2년 수료
- 총회 신학교 졸업(제7회)

## 목회 경력

- 전도사목회: 10년(복길교회, 백호교회)
- 목사 목회: 44년(독천교회, 목포교회, 신일교회 개척)
- 원로목사 목회: 11년(문암교회: 군인교회 담임 목사)

## 교수 경력

- 목포성경학교(모세5경 강의)
- 총회 신학원(교회정치, 조직신학)
- 신일성서대학(교리강의)

**저서**: 설교집『하나님을 영화롭게 하라』

## 소래교회사 출판 목적

소래교회 역사를 기록함은 지금 공산정권에 의해 거룩한 이름 "대구면과 소래"가 말살되었고, 소래교회와 소래목동교회도 허물어졌다. 통일되면 말살된 이름을 되찾고, 소래교회를 재건해야 하는데 소래교회 위치를 아는 사람 중에 목사로 나만 생존해 기록을 남기려 한다.

소래교회 마지막 당회장 허간 목사에게 세례를 받고, 집사 임명을 받은 내가 사명감을 가지고 내가 아는 것과 자료를 참고하여 한국의 복음 시작을 기록해 재건의 자료를 남긴다.

머리글

## 큰 구원을 이룬 솔샘을 찾아서

나는 소래교회에서 세운 해서제일학교에서 공부하며 신앙지도를 받았다. 한국 최초로 건축한 소래교회 예배당과 새로 건축한 예배당에서도 예배를 드리며 신앙생활을 했다.

또 소래교회에서 분리하여 세운 지교회인 소래목동교회(1928년 설립, 1933년 4월 29일 입당예배)에서 주일학교부터(1933년 3월 26일 부활주일 등록) 신앙생활을 했다.

소래교회 당회장이신 조응철 목사의 지도를 받았고, 1939년 4월 이승철 목사에게 학습을 받았다. 1939년 11월 소래교회 마지막 당회장 허간 목사에게 세례를 받고 18세에 집사임명을 받아 소래목동교회를 섬겼다. 아들 장정일 목사와 장형일 장로도 허간 목사에게 유아세례를 받았다.

1945년 8월부터 장연성경학교를 다니며 소래목동교회 평신도 목회자로 교회를 섬기다 1947년 5월 공산당의 박해를 피해 월남하여 소래목동교회는 문을 닫게 되었다.

나는 소래교회에서 신앙지도를 받은 마지막 생존자로서 소래교회에서 보고 듣고 느낀 것을 기록으로 남겨 자손들이 믿음의 역사를 알고 가문교회의 기초인 소래교회와 소래목동교회를 재건하고, 잃어버린 대구면과 소래마을 이름을 찾는 데 도움을 주고 싶어 자료를 찾아보며 예배처소별로 정리하여 기록한다.

　자료를 찾아 참고하도록 도움을 준 아들 정일 목사, 형일 장로, 성일 장로, 은일 목사 4형제에게 고마움을 표하며, 오늘까지 인도하신 하나님께 감사와 영광을 돌린다.


2022년 봄<br>
저자 장철수 목사

# 차 례

## 8장　소래교회에서 세운 지교회　　225

# 1장

## 소래교회와
## 장철수 목사

# 1.
# 대구면(大救面) 이름의 유래[1]

소래(松川)가 속한 대구면의 명칭은 이조 고종 32년(1895년) 갑오경장(甲午更張, 1894년 7월-1896년 2월) 때에 목. 부. 군. 현 제(牧. 府. 郡. 縣 制)를 모두 폐하고, 새로운 군제도(郡制度)를 제정함으로 행정상의 지명이 되었다. 대구면이 되기 전, 이 지역은 두 개의 방(坊)이 있었는데 동대방(東大坊)과 서대방(西大坊)으로 나누어져 있었다. 이 지역의 대표적인 마을이 소래(松川)이기에 소래면이나 송천면(松川面)이 유력하였는데 이 지역에 지명이 없는 대구면(大救面)으로 명명(命名)되었다. 그래시 대구면이라는 이름을 추론해 본다.

> \* 나는 '소래교회를 통해 큰 구원의 역사가 일어나 군 전체가 변화되었기에 대구면이라고 명명(命名)했다.'고 《대구면지》에 기고하였다.

## 1) 서대방 솔샘(松泉) 마을에 소래교회 설립

소래가 황해도 장연도호부 서대방에 속해 있던 1883년, 소래

---

1) 향장(鄕長): 조선 시대 지방 자치지구의 우두머리. 지방의 주(州), 부(府), 군(郡), 현(縣)에 둔 향청(鄕廳)의 대표이다.

교회는 세워졌다. 우리나라 최초로 소래에 교회가 세워지면서부터 사회 개화운동을 시작하였다. 소래에 기독교가 들어오면서 죽어가던 영혼들이 살아나고, 병든 육체가 고침을 받고 귀신에게 매여있던 사람들이 놓임을 받는 놀라운 하나님의 역사가 일어났다. 그 결과 소래교회를 통해 소래마을은 미신 타파, 금주·금연·도박 금지, 계몽운동, 독거노인과 빈민층 지원 등을 통해 선한 영향력으로 마을을 변화시켜나갔다. 무당들이 기독교 때문에 쫓겨나 미신으로부터 해방되었다. 그 결과 무속신앙의 본거지인 당터를 마을 유지들이 무상으로 소래교회에 기증하여 눈이 녹기 시작하자 예배당 건축을 시작하여 1895년 5월 1일 준공되었고, 7월 3일 헌당식을 거행하였다. 이후 복음의 불길이 빠르게 이웃 마을로 퍼져나갔다. 그리하여 황해도 일대에 교회들이 세워져 영육이 구원받는 놀라운 구원의 역사가 일어나게 되었다.

## 2) 동학란 때 구원의 역사

동학란 때에 소래교회를 통해 구원의 역사가 일어났다.

1894년에 동학란이 일어나 서경조와 메켄지 선교사를 죽이려고 소래를 향해 진격해 오고 있을 때 서경조는 죽음을 각오하고, 동학군의 두목 김원삼을 찾아가 담판 끝에 설득하여 동학군이 물러나며 동학군에게 **"소래의 서경조와 메켄지 선교사를 보호하라."** 명하여 소래교회 교인들은 모두 안전하게 되었다. 또 동학 토벌군의 본부 영장 노성학도 서경조에게 "군대를 거느리고 소래를 지나가면 동학군을 자극하여 오히려 분위기가 좋지 않을 것이니 돌아가겠다." 연

락하여 소래는 안전지대가 되어 타지에서도 이곳으로 피난 오는 안
전지대가 되었다.

이후 매켄지 선교사는 서경조와 함께 동학교도 막사에 찾아가 전
도하였다. 이후 동학군들이 관군에게 밀려 위태롭게 되자 동학당 해
서지방 도접주 이돈선(이기선으로 기록된 사료도 있음)이 소래교회로
찾아와 도움을 요청하였다. 동학군이 "성 조지 십자기" 깃발이 나부
끼는 치외법권 지역(治外法權 地域)인 소래교회로 들어와 교인들과
함께 찬송을 불렀다. 피할 곳이 없는 동학군에게 소래교회는 생명
을 지켜(保命) 주는 피난처가 되었다. 매켄지 선교사는 관군과 동학
군을 중재하여 동학군은 무기를 버리고, 관군은 동학군의 과거를 불
문에 부치기로 하는 약조를 받았다. 그리하여 일반 동학군들은 자유
롭게 집으로 돌아가 생활하게 되었다. 난리가 지나간 뒤 동학군들은
소래교회로 찾아와 사례하며 복음을 받고 개종하여 동학군들도 영
과 육이 구원받는 놀라운 구원의 역사가 일어났다.

언더우드 선교사가 1896년 소래교회에서 동학당 도접주 이돈선
에게 세례를 주었다. 얼마 후 성도 이돈선은 죽음을 각오하고 장연
군청에 들어가 자수하여 재판 받고 사형 선고를 받았다. 이 소식을
접한 매켄지 목사는 교평리 흰다리 마을로 찾아가 이씨 문중 대표로
이승철(소래교회 초대 장로, 담임목사) 청년과 동행하여 관가에 들어가
설파(說破)하여 이돈선을 구출하였다.

동학란 때에 소래교회를 통해 일어난 하나님의 놀라운 구원의 역
사가 소래와 장연군에 알려지자 주님 앞으로 나오는 백성이 더욱 많
아졌다.

### 3) 서대방 향장[2] 김윤오[3] 집사

김윤오(金允五) 집사의 형은 소래교회 첫 예배당을 건축할 때 목재를 제공한 김윤방(金允邦, 김마리아 열사 아버지) 집사다. 김윤오 집사의 할아버지는 판서(判書) 벼슬을 내려놓고 교통이 불편한 소래에 정착한 후 아들에게 좌수(座首) 벼슬을 내려놓고 오라 하여 가문이 소래마을에 정착하여 개화운동을 준비하며 살아왔다. 이 개화운동이 소래교회가 추구하는 개화운동과 동일하기에 의기투합(意氣投合)하여 복음을 받아들이기 쉬웠고, 개화운동의 선봉에 서게 되었다. 김윤오 성도 부친 김성섬(金聖贍) 집사께서 서상륜 형제의 전도를 받고 소래교회 설립 교인이 되어 온 가족이 소래교회에 출석하는 신실한 믿음의 가정이었다. **김윤오 집사가 서대방의 향장(鄕長)[4]으로 있을 때 행정구역 개편이 있었다.** 김윤오 집사는 군에서 실시하는 행정개편 회의에 참석하기 전에 매켄지 목사, 서상륜, 서경조 등 교회 지도자들과 함께 의논하고 참석하였을 것이라고 추측된다. 누구의 의견이었는지는 알 수 없으나 몇 년 사이에 소래교회를 통해 일어난 구원의 역사를 상기(想起)하며 대구면(大救面)으로 추천하기로 결정했을 것이다.

군에서 실시한 행정개편 회의에 참석한 향장 김윤오(金允五) 집사가 소래마을이 동대방과 서대방의 중심지이기는 하지만 대구면이

---

2)  향장(鄕長): 조선 시대 지방 자치지구의 우두머리. 지방의 주(州), 부(府), 군(郡), 현(縣)에 둔 향청(鄕廳)의 대표이다.

3)  김윤오 집사: 1895년 언더우드 선교사 서경조 장로 장립 때 임명. 향장, 1901년 12월 26일 "그리스도 신문"에 해서 지방 16곳 성경공부반을 서경조 장로와 여섯 곳씩 나누어 가르치기로 하였다.고 기사가 실렸다.

4)  참고문헌: 「김필례」 열화당 영혼도서관

좋겠다고 추천하였다.

그 이유는 다음과 같다.

첫째 기독교가 조선에 처음 들어와 소래교회를 세워 복음을 전한 성지다.

둘째 기독교 복음을 들은 소래마을은 미신 타파, 금주·금연·도박을 멀리하고 신도가 서로 인격을 존중하여 노비까지 형제자매로 호칭하며 한자리에 앉아 예배드렸다.

셋째 동학도들이 소래교회를 통해 목숨을 건졌고 그들이 개종하여 선량한 백성이 되었다.

기독교가 들어온 후 일어난 구원의 역사를 볼 때 **"큰 구원이 일어난 고을"**이라는 뜻을 가진 **대구면(大救面)으로 명명**했으면 좋겠다고 건의하였고 그대로 채택(採擇)되었다고 추론(追論)된다.

나는 둘째 아들 장형일 장로와 함께 대구면 이름의 유래에 관하여 탐구하며 논의하다 김윤오 집사가 향장이었다는 사실을 알고 모든 얽혀있던 매듭이 풀리는 것 같았다. 『소래교회』를 집필하기 위해 자료를 모으며 집필하던 6여 년간의 숙제가 풀리고 마지막 퍼즐이 맞춰진 느낌이 들어 희열을 느끼며 감격하였다.

하나님의 선하시고, 은혜로우신 인도하심으로 나에게 소래교회 역사를 기술하게 하신 이유가 **'소래교회 위치와 대구면 이름의 유래를 찾아내 후손들에게 알려주어라'** 하시는 것 같아 다시 힘을 얻어 기쁜 마음으로 기록한다.

**소래교회를 통해 대구면(大救面)이라는 자랑스러운 이름을 얻었다.** 하나님께서 세밀하게 계획하시고 섭리하시어 한민족에게 주신 거룩한 도성 대구면이라는 예루살렘성과 성전과 같은 소래교회를 주셨다. 그러나 마귀는 공산당 치하에서 행정구역을 개편하면서 대구면을 용연면으로 흡수 통합시키며 대구면이라는 이름을 없애고, 송천은 구미리에 흡수 통합시켜 송천이라는 이름도 지도에서 지워 버렸다. 더욱 놀라운 것은 위성 지도를 보니 교회 터와 해서제일학교, 새 예배당 터의 흔적이 사라졌고, 소래마을도 완전히 없어져 농경지로 변해 있음을 보니 마음이 굉장히 쓰리고 아팠다.

그러나 북한 공산당이 그렇게 미워하고 말살하려던 대구면의 소래교회에서 시작된 큰 구원(大救)의 불길은 멈추지 않았다. 이 구원의 불길은 장연군과 남북을 넘어 전 세계로 도도히 퍼져가고 있음

증축 예배당, 뒤 새 예배당,
오른쪽 해서제일학교

을 보고 있다. 복음이 소래교회를 통해 우리나라와 세계 방방곡곡에 전파되고 있는데 소래마을과 대구면이라는 귀한 이름이 기독교계에서조차 점점 잊혀지고 있으니 참으로 안타깝다. 나의 가문교회와 소래노회는 이 이름에 자긍심을 갖고 통일이 되면, 한국 기독교계와 힘을 합해 대구면과 소래라는 이름을 되찾고 소래교회를 재건하기를 바란다. 이 일은 잃었던 예루살렘성과 성전을 회복하고 다시 세우는 일과 같은 귀한 일이라 확신하기에 회복 운동의 불길이 타오르길 기원한다.

# 2.
# 대구면과 소래마을 위치

소래교회는 황해도 장연군 대구면 송천리 당골에 있다. 대구면이 속한 장연군은 불타산을 중심으로 형성되어 있다. 북쪽으로 목감면, 락도면, 장연읍, 용연면, 박택면, 신화면이고, 남쪽에 속달면, 후남면, 대구면, 해안면이다. 불타산(佛陀山 608m)은 서쪽으로 뻗어 가며 성주봉(聖主峰 554m), 노용봉(盧龍峰), 삼봉(三峰 400m)을 지나 장산곶이 있는 해안면 초입에서 멈추었다.

　장산곶에서 해안을 따라 동쪽으로 가면 홍거리 삼거리가 나오는데(이곳부터 내구면이나) 북쪽 길은 장연읍으로 가는 길이고 동쪽으로 가면 속달면으로 가는 길이다. 동쪽 도로를 따라가면 나의 고향 금수리 목동을 지나 약 5㎞를 가면 소래(松川里)마을이다. 노용봉(盧龍峰) 아래 산기슭에서부터 대동만 해안까지가 소래마을이다. 불타산은 소나무가 울창하였고, 특히 노용봉 아래 **선바위골**(골: 마을, 洞)에는 기암괴석이 많아 풍경이 매우 아름다운 곳이다. 내가 해서제일학교 다닐 때 학교에서 십 리쯤 떨어져 있는 이곳으로 여러 번 소풍 갔다. 이곳은 가난한 사람들이 '선바위' 주변의 산기슭을 개간하여 밭을 일구고 그곳에 집을 지어 마을이 형성된 '선바위골'이다. 선바위 골은 화전민(火田民)들이 모여 만들어진 자생마을이기에 집들이 떨어져 있었다.

대구면 소래 주변 지도

'선바위골'에서 해변으로 3㎞ 정도 내려온 곳에 '구석몰'이 있다. 이 구석몰은 소래 심장부와 같은 곳이다.

구석몰은 송천리가 한눈에 보이는 곳에 있었다. 오른쪽으로는 중 뜸, 당골, 아래소래가 있고, 왼쪽에는 밭뜸, 산막골, 소래, 이촌, 덕촌 이 있었다.

구석몰로 가는 길은 위성사진에 나타난 연병장 바로 옆에 건천이 있고 거기에 작은 다리가 있는데 다리를 건너기 전 불타산 방향으 로 길이나 있었다. 이 길을 중심으로 양옆으로 작은 마을들이 형성 되었다.

위성사진을 보면 연병장 왼쪽에 흰 선이 보이는데 이곳이 두 언덕 사이의 작은 계곡이며 건천이다. 이 건천에 다리를 놓았는데 다리를 건너 비탈길을 올라가면 평지가 나온다. 거기가 당터였고, 소래교회 첫 예배당과 해서제일학교가 세워진 곳이다. 당골에서 도로를 건너 100m 정도 내려오면 아래소래이고, 아래소래에서 건천을 건너가면 솔샘이 있다.

*송천(松川)의 본래 이름은 솔샘(松泉)이었다. 왜냐하면 마을 곳곳에 소나무와 맑은 물이 솟아오르는 샘(泉)이 많아 칠년대한(七年大旱)에도 마르지 않아 생활용수와 농업용수로 부족함이 없었기 때문이다. 그런데 일본사람들이 솔샘을 한문으로 표기하면서 松泉보다 松川이 쉽다고 표기를 바꾸어버려 솔내(松川)가 되었다. 그리하여 솔샘이 솔내가 되었고, 다시 음운현상(音韻現想)에 의해 소래로 변천하게 된 것이다.

소래교회 예배처소 위치도

소래교회에서 해변 쪽으로 도로를 지나 100m 정도 내려오면 솔샘이 있다. 이 샘물은 불타산에서 지하로 수로를 만드시어 소래교회를 지나 솟아오르게 하였다. 그런데 이 샘물은 수량이 풍부하여 소래평야를 적시어 풍성한 곡식을 주었다. 참으로 신기한 것은 이 평야가 쓸모없이 버려진 땅이었는데 소래교회를 세우기 위해 하나님께서 특별히 보내신 김 판서 댁을 통하여 개간하게 하시어 옥토로 만들게 하셨다. 그 결과 소래마을은 풍요로운 마을이 되었다.

솔샘이 우리 가문에 주신 주님 사랑의 흔적은 놀랍게도 소래교회에서 분립하여 세운 소래목동교회를 통해 구원해 주신 것이다. 솔샘을 통해 소래마을을 풍요롭게 하셨던 것처럼 소래교회 서상륜, 서경조를 통해 대구면, 장연군, 황해도, 서울과 경기도, 경상도, 평안도, 함경도까지 전국적으로 직접 찾아가 복음을 전하여 많은 교회가 세워졌다.

장철수 목사 대구면민회 대표기도

# 3.
# 소래에 복음의 씨앗이 뿌려진 유래

하나님께서 직접 소래를 택하시고 복음을 전하게 하신 역사적 사건들을 살펴본다.

1816년 영국 해군의 맥스웰 대령이 해로 탐사 겸 선교차 소래 앞바다까지 와 어부들과 필담하며 전도하였다.

1832년 귀츨라프 선교사가 소래 해안까지 와 어부들과 필담을 나누며 한문 성경을 나누어주며 전도하였다.

**1865년 토마스 선교사**가 나의 고향 대구면 금수리 목동(大救面 金水里 牧洞) 앞에 있는 목동섬(陸島) 출신 **김자평 성도**의 안내를 받아 백령도에서 전도할 때 목동과 소래에서도 전도하고 백령도로 돌아갔다.

**1867년 콜벳 선교사**가 서먼호의 행방과 토마스 선교사의 생사를 파악하기 위해 목동포에 와 김자평 성도를 만나 자세한 이야기를 듣고 7일간 체류하며 목동과 소래에서 복음을 전했다.

하나님께서는 토마스 선교사와 김자평 순교자를 만나게 하시고, 만주에 서상륜 성도, 소래에 김 판서를 보내셔서 복음이 들어와 정착할 길을 준비해 주셨음을 볼 수 있다. 참으로 놀랍다. 그 길을 살펴보고 싶다.

### 1) 토마스 선교사와 순교자 김자평(金子平) 성도[5]

토마스 선교사

평신도 순교자 김자평(金子平)은 1789년도 황해도 장연군 대구면 금수리 목동섬(牧洞島, 陸島. 나의 고향이다.)에서 태어났다. 김자평은 대원군 시대부터 중국을 왕래하며 무역을 하였다. 이때 천주교인이 되어 천주교 선교사들의 안내를 여러 번 하였다. 김자평 순교자가 76세인 1865년, 산둥성[6](山東城, 산동성) 즈푸(芝罘)에서 토마스 선교사를 만났다. 토마스 선교사를 도와 백령도와 서해안에서 복음을 전하고, 토마스 선교사가 순교를 당하자 이 사실을 증언하다 1868년 황해감사의 명에 의해 참수되어 조선인 최초의 기독교 순교자가 되었다.

토마스 선교사는 아버지 로버트 토마스(Robert Thomas) 목사와 어

---

5)  참고문헌: 「토마스 목사전/유해석」, 「한국기독교회사 1」, 「한국교회사」, 「황해도교회사」, 「한국기독교100년」, 「영흥교회 100년사」, 「크리스챤 리뷰」
6)  지리명은 중국발음으로 표기하고( ) 안에 한자와 한자의 한글 표기를 병행했다. 주빌리기독대안학교 오향화 중국어 원어민 교사의 도움을 받았다.

머니 메리 로이드 윌리엄스(Mary Lloyd Williams)의 아들로 1839년 9월 7일 웨일즈 래드너셔주 라야더의 태버내클 교회에서 태어났다. 이후 1848년 하노버교회의 청빙을 받고 몬머스셔(Monmouthshire)주 슬라노버에 있는 하노버교회 사택으로 이사하여 학창시절을 보냈다. 로버트 토마스는 아버지의 영향을 받아 모국어인 웨일즈어와 영어를 습득하였고, 14세에 옥스퍼드 대학교 지저스 칼리지에 장학생으로 공부할 때 헬라어, 라틴어, 프랑스어 등 여러 언어를 공부하면서 언어능력을 극대하였다. 22세 때엔 이미 프랑스어, 독일어, 포르투갈어, 스페인어, 이탈리아어, 러시아어를 말하고 쓸 줄 알았기에 여러 언어로 된 고전을 읽으며 교양과 덕목을 쌓아갔다. 17세 때 런던 북서부 세인트 존스 우드 리전트 공원 북쪽에 있는 뉴 칼리지 런던대학교의 신학부에 입학하였다. 장학금을 받고 공부했는데 장학금이 일반 사립학교 교사의 연봉과 같은 금액이었다. 그는 신학생일 때 전국 교회를 다니며 156회 설교를 할 만큼 설교자로서의 명성도 얻고 있었다. 이때 토마스는 선교사의 사명을 확실히 깨닫고, 1857년 9월 23일 런던선교회에 선교사 후보생 신청서를 제출하였다.

토마스 신교사는 중국어도 열심히 배우며, 선교사에게 요긴한 악기였던 하모늄(Harmonium)을 배우고, 사진 기술도 습득하였다. 한편 체력증진을 위해 운동도 열심히 하며 선교 준비를 하였다.

토마스는 졸업 직전 고드프리 가의 숙녀 캐롤라인 고드프리와 1863년 5월 29일 켄티시타운 교회에서 플레밍 목사의 주례로 결혼식을 올렸다. 결혼식을 올린 지 일주일도 되지 않아서 토마스는 목사 안수와 선교사 파송을 위한 예배를 드리게 되었다. 이로부터 한 달 후인 6월 30일 런던의 웨스터민스터 교회 역시 토마스 목사 내외가 중국 선교사로 떠나게 되었음을 광고하면서 그의 앞길에 하나님의 은혜와 보호가 함께하시기를 축복하였다.

1863년 7월 21일 토마스 선교사 부부는 스코틀랜드 출신 윌리엄슨(Alexander Williamson) 부부 등 8명의 선교사와 함께 그레이브젠드 항구에서 폴메이스 호를 타고 중국으로 떠났다.

첫 선교지 상하이에 도착한 토마스 선교사 부부는 런던 선교회 상하이(上海) 지부장인 윌리엄 뮤어헤드(William Muirhead)의 환영을 받고 선교 준비를 하였다. 먼저 상하이(上海, 상해) 방언과 베이징(北京) 방언을 열심히 공부하며 조랑말 타는 것도 연습하였다.

토마스(R. J. Thomas 최난헌〈崔蘭軒〉) 선교사는 3주 예정으로 한커우에 머물고 있을 때 부인 고드프리(Calvoline Godfery)가 유산한 후 하혈을 많이 하여 위독한 상태에서 바이러스에 감염되었다. 1864년 3월 24일 새벽 1시에 남편이 없는 상태에서 외롭게 세상을 떠났기에 실의에 잠겨있었고 런던선교회 상하이(上海) 지부장의 부당함에 항의하고 선교지를 옮겨줄 것을 요구 하였으나, 런던 선교부에서 회신이 없었다. 그는 런던선교회에 다음과 같은 편지[7]를 보냈다.

"제가 느낀 상실감은 형언할 수 없는 것입니다. 이런 제 마음을 바꾸어 줄 새 사역지를 찾아야만 합니다. 제 사랑하는 아내는 받을 수 있는 고통은 다 받았습니다. 곁에서 보살펴주신 분들께는 진심으로 감사하고 있습니다. 더 이상 편지를 쓸 수가 없습니다.

---

7) 「크리스챤 리뷰 발췌」

이 일을 상세하게 말하려 하니 슬픔이 또다시 복받쳐 오릅니다."

당신의 신실한 로버트 저마인 토마스.
1864년 4월 5일. 런던 선교회 상하이 지부

런던선교회에서 회신이 없었다. 이후 런던선교회의 회신을 원하는 서신을 보냈으나 답신이 없고 선교지원비까지 중단된 상태가 되었다.

토마스 선교사는 1864년 12월 17일 런던선교회를 사임하고 즈푸(芝罘)로 이동하여 세관의 통역관 및 감독관으로 일하게 되었다. 통역관으로 일하면서도 친구인 윌리엄슨(A. Williamson)선교사와 선교활동을 계속하고 있었다. 토마스 선교사는 윌리엄슨 선교사와 선교사들의 모임에서 중국어로 설교하고, 영어예배도 책임지고 인도하며 선교사역을 더욱 사모하게 되었다.

토마스 선교사는 사임서를 제출한 후 즈푸(芝罘, 지부)에서 런던 선교회에 편지를 보냈다.[8]

존경하는 티드맨 총무님께

지난번 편지를 보낸 이후로 편치 않은 시간을 보냈습니다. 뮤어헤드가 제게 한 행동 때문에 화가 나고 괴로워서 모든 상황을 침착하고 냉정하게 설명할 수가 없었습니다.

---

[8] 「토마스 목사 전」에서 발췌

이곳에 도착한 이후로는 윌리엄슨과 다른 지부 선교사들, 그외 제가 뮤어헤드와 맞섰던 것을 아는 이들과 자주 만나고 있습니다. 그들은 뮤어헤드에 대한 저의 입장을 이해하면서도 여전히 제가 너무 서둘러 사임하고 다른 일을 시작하였다고 나무라고 있습니다. 하지만 내용을 아시면, 저의 입장을 이해해 주시리라 믿습니다.

-중략- 이 일들은 단기간에 일어났습니다. 저는 이를 데 없이 거칠고 무례한 대우를 받았습니다. 제 사정을 아는 친구 로버트 하트는 만일 뮤어헤드와 헨더슨이 월급 지급을 중단한다면 다른 일자리를 찾아주겠다고 했습니다. 저는 결국 사임하였고, 하트는 제게 즈푸(芝罘)에서 통역관의 일을 하게 해주었습니다.

-중략- 지난 시간에 대하여 이사회에 용서를 빕니다. 저를 다시 받아주실 수 있는지 알고 싶습니다. 저급하거나 불순한 동기로 사임했던 것은 아닙니다만 제가 성급했음을 고백합니다.

-중략- 하나님의 섭리로 제게 주어진 시련과 배움의 시간들은 저로 하여금 다시 은혜를 맛보며 겸손하도록 했습니다. 아직은 부족하지만, 주님이 힘을 주셔서 신실한 종이 되기를 원합니다. 다른 단체에 소속될 수도 있겠으나 저는 무엇보다도 여러분과 연결된 것을 특권이자 영광이라고 생각하고 있습니다. 더 이상의 말을 아끼고 오로지 인내하면서 이사회의 결정을 기다리겠습니다.

그동안 시간을 낭비했던 것은 아니라고 생각합니다. 중국어 공부의 기본은 다른 전문 분야들과 같습니다. 세관에 도착하자마자 저는 선교사의 마음가짐을 가지고 일을 시작하였습니다. 저의 가치관에는 한 치의 변함도 없습니다.

항상 베풀어 주시는 친절한 배려에 감사드리며

당신의 신실한 로버트 저메인 토마스
1865년 1월 31일 즈푸(芝罘)에서


　한편 조선에는 천주교 선교사들이 들어와 포교 활동을 열심히 하여 신자들이 폭발적으로 늘어나자 조선 정부는 긴장하게 되었다. 그들이 심한 박해를 받아 신해(1791년), 신유(1801년), 을해(1815), 정해(1827년) 박해가 있었다는 사실도 알게 되었고, 1863년 대원군이 등장하여 쇄국정책(鎖國政策)을 펼치므로 천주교의 박해는 절정에 다다랐다. 1866년 병인교난 때 프랑스 선교사 12명 중 9명이 순교 당했고, 불과 1~2개월 사이에 전국의 천주교 신자 수천 명이 학살 당했다. 이 학살이 고종의 혼례일인 음력 3월 20일(양력 5월 5일)을 전후해서 잠시 주춤하였다.

　한편 목동섬 사람이요, 천주교 신자인 김자평(金子平)은 1865년 초여름 흥신대원군의 박해를 피해 친구와 배에 몸을 싣고 황해(서해)의 거친 파도를 헤치고 무사히 즈푸(芝罘)[9] 항구에 도착하였다. 윌리엄슨 선교사는 한복 입은 낯선 조선인 두 명을 만나게 되었고, 그들이 궁금하여 중국 관리에게 물어보았다. 중국 관리로부터 두 조선인을 소개받고 인사를 나누게 되었다. 윌리엄슨 선교사는 그들을 저

---

9)　즈푸는 1860년 영불 연합군에 의해 점령되고, 1863년 이래 조약항의 하나로 개방되어 전 세계의 배들이 정박한 매우 번잡한 항구였다. 백령도와는 200㎞ 정도 떨어진 가까운 곳이기에 조선인들이 밀무역을 많이 하였다.

녁 식사에 초대하였고 토마스 선교사도 함께했다. 윌리엄슨 선교사 집에서 만난 조선인은 '김자평과 최지혁(崔智赫, 최선일이라고도 기록됨)'이었다. 토마스 선교사가 기도 중에 다시 선교 의지를 가다듬고 재기하기로 결심했을 때 하나님께서 목동(牧洞) 사람 무역상 김자평(金子平)을 만나게 해 주셨다. 김자평, 최지혁과 깊은 이야기를 나누며 천주교 신자임을 알게 되었고 조선의 천주교인이 5만 명이나 되며, 12명의 선교사가 활발하게 선교하고 있다는 소식도 알게 되었다. 또 조선인은 한문을 읽을 수 있다는 것도 알게 되었다.

토마스 선교사는 김자평과 이야기를 나누다 깜짝 놀랐다. 천주교 신자인 김자평이 성경이 있는 것도 모르고 성경 말씀을 예를 들어 설명하면 한 절도 알지 못해 한문 성경을 보여주며 복음을 전해주었다. 그리고 **"길 잃은 양들이 있는 조선으로 돌아가라."**고 권하였다. 그러자 김자평이 "우리에게 조선으로 돌아가라는 것은 맞아 죽으라는 것과 같은 말이니 돌아갈 수 없다" 하였다. 그러자 토마스 선교사는 "그건 맞아 죽는 것이 아니라 순교하는 것입니다"라고 성경 말씀을 통해 설명해 주었다. 이렇게 몇 날 며칠 동안 복음을 전하였다. 김자평은 토마스 선교사를 통해 복음을 듣고 믿게 되어 개신교로 개종하고 순교를 각오하고, 토마스 선교사에게 조선으로 들어가 복음을 전해 달라고 간곡하게 부탁하였다. 이때 토마스 선교사는 순교를 각오하고 조선으로 들어갈 테니 함께 가자고 부탁하니 김자평 성도역시 순교를 각오하고 토마스 선교사와 조선으로 들어가 복음을 전하기로 결심하고 준비하게 되었다.

사지(死地)를 떠나 살 곳을 찾아 험한 뱃길을 돛단배에 의지하여 떠나 와 산둥성(山東省, 산동성) 즈푸(芝罘, 지부)에 망명하여 정착하여 살 수 있게 되었는데 안전한 **즈푸를 떠나 다시 사지(死地)로 들어가 겠다고 결심한 김자평의 걸음은 순교자의 숭고(崇高)한 걸음이 되었다.**

토마스 선교사는 선교의 열정이 불타올라 김자평에게서 조선말을 배우며 개신교 교리를 자세히 설명하여 김자평의 믿음을 더욱 성숙하게 하였다. 김자평의 조선 선교에 대한 간곡한 요청을 받아들여 1865년 8월 31일 세관에 사직서를 제출하고 조선 선교를 준비하게 되었다. 토마스 선교사는 김자평에게 안내를 부탁하였고, 김자평은 조선으로 들어갈 배를 추천하자 우문태(于文泰)의 범선을 전세 내서 조선으로 들어가게 되었다. 토마스 선교사는 중국에 주둔하고 있는 스코틀랜드 성서공회의 윌리엄슨 선교사의 적극적인 지지와 후원을 받아 많은 한문 성경과 전도지를 받았다. 토마스 선교사는 스코틀랜드 성서공회의 대리인 자격으로 즈푸(芝罘, 지부) 주재 영국 영사관에서 8월 31일 여행을 위한 여권을 발급받아 1865년 9월 4일 우문태(于文泰)의 범선을 타고 출발하여 9월 13일.[10] 장연군 백령도 두문진에 도착하였다. 백령도에서 한문 성경과 전도지를 나누어주며 열심히 전도하였고, 김자평의 고향인 목동과 소래를 포함한 장연군 일대의 해안선을 따라 전도하였다.

몽금포, 대진포(垈津浦), 구미포(九美浦), 고령포, 조암포(潮岩浦)에

---

[10]  토마스 선교사가 9월에 조선에 들어간 것은 조선 서해안은 3월부터 8월까지가 성어기이기 때문에 그 기간에는 많은 어선이 조업하기에 조선 정부에서는 이를 통제하기 위해 병선과 수군을 동원시켰고, 황해도 수군절도사가 직접 진두지휘하기에 경비가 삼엄하여 이 시기를 피하기 위해 9월에 출발하였다.

수군(水軍)이 있어 해안을 지키고 있었다. 이 사실을 잘 알고 있는 김자평이 수군의 감시를 피할 수 있는 금수리 목동 해안에서 용반리를 거쳐 송천리까지 해변에서 전도하였다. 이곳은 예로부터 특이한 고기잡이 방법으로 어업을 하였다.

'바살'과 '후리질'이라는 고기잡이 방법이다. '바살'은 바닷물이 밀려 나가는 바다 골에 싸리로 엮어 만든 바살 100여m를 쳐 놓아 밀물 때 들어왔던 고기떼가 썰물을 따라 내려가다가 이 바살에 걸려든 고기를 손 그물로 들어 올려 잡는 방법이다. 또 '후리질'은 모래사장에서 여름 성어기가 지난 가을에 어망을 양쪽에 10여 명씩 잡고 끌고 해변으로 가면, 반달 모양으로 휘어지며 고기가 모이게 되어 고기를 잡는 방법이다. 이렇게 고기잡이하는 어부들을 만나 담소를 나누며 전도하였을 것이다. 이때 소래 평야는 개간되기 전이어서 잡목이 많아 집을 짓고 사는 사람들은 없었는데 토마스 선교사가 이곳을 시라리(柴羅理: 잡목이 우거진 곳)라고 표기한 것 같다.

이곳에서 전도하다 신고받고 출동한 수사 윤석구와 만나 수군청(구미포 수군청으로 짐작됨)으로 잡혀갔다. 토마스 선교사가 이적 서적을 가지고 포교 활동을 해 못마땅했지만, 타고 온 선박이 작고, 청나라 선박이어서 훈계하고 순순히 돌려보냈다. 검문을 받고 풀려난 토마스 일행은 다시 백령도로 돌아갔다.

토마스 선교사는 백령도에서 서울로 가는 길을 백령도 사람들에게 물어보았다. 두 달 반 선교 활동에서 자신감을 얻어, 서울로 들어가 국왕을 뵙고 합법적인 선교 허가를 받으려고 하였다. 우문태와의 계약이 만료되자 우문태의 범선은 돌려보내고, 11월 말 조선인의 작은 배를 타고 서울로 떠났는데 태풍으로 인한 풍랑을 만나 배가 파선하여 김자평과 헤어지게 되었다. 김자평과 헤어져 더 효과적인 전도 방법을 모색하려고 중국으로 가는 배는 행선지가 정해져 있기에 승선하여 중국 난만(南滿, 남만)의 피쯔워(貔子窩, 비자와) 항구에 도착했다가 1866년 1월 베이징(北京, 북경)으로 돌아갔다. 백령도에 머물며 전도한 기간이 두 달 반인 것을 보면 토마스 선교사와 김자평 성도의 전도 활동은 관가의 간섭이나 도민의 핍박이 없이 이루어졌음을 알 수 있다. 하나님의 섭리와 인도하심이 참으로 놀랍다.

토마스 선교사는 조선 선교는 조선인에게 성경 말씀을 통해 하나님의 참모습을 먼저 심어주어야 한다고 생각하고 한글 성경을 출판하도록 윌리엄슨 선교사에게 건의하였다. 그리고 즉시 준비에 들어갔다.

토마스 선교사는 첫 번째 조선 선교에서 많은 것을 이루어 내고 런던 선교부에 편지를 보냈다.[11]

나의 친애하는 티트맨(Titman) 박사(영국 런던 장로교 선교 본부장)
우리는 한 작은 중국 목선을 타고 9월 4일(1865년) 즈푸(芝罘, 지부)를 떠나 조선 해안에 도착하였는데 그때가 9월 13일이었습니다. 그리고 2개월 반 동안 그곳에서 지냈습니다.
나는 한 조선인의 도움으로 그 불쌍한 백성에게 복음의 가장 귀한 진리를 가르치기에 넉넉하리만큼 그 방언을 배워 알았습니

---

11) 「장연군 기독교 120년사」에서 발췌

다. 그 백성으로 말하면 대체로는 서양인에게 적개심을 품고 있었으나, 나는 조선말로 조금씩 이야기하며 그들에게 성경책 한 권 또는 두 권씩 받기를 권할 수 있었습니다. 그들이 성경책을 받은 것이 발각되면 참수 당하든지, 경하더라도 벌금형이나 투옥당할 줄 알고 받는 것이기에 그들이 이 성경을 읽기를 원함이 분명하였습니다.

지난가을 조선 해안에 큰 광풍이 있었는데 과거 20년간 조선과 통상한 중국 선원의 증언에 의하면 그와 같은 광풍은 전에도 보지 못하였다는 것입니다. 우리가 당한바 그 위기일발의 형편을 당신에게 일일이 이야기할 것이면 대단히 놀라시겠지요. 그러나 하나님께서 우리를 도와주셨습니다.

나는 왕경(王京, 서울)까지 가려고 하였지만 내가 타고 갔던 배는 그 광풍으로 인하여 파선되고 말았습니다. 그러나 생명의 손실은 없었습니다. 12월 초순 조선을 떠나 만주 태안에 상륙하였는데 그때부터 해상의 위험은 없어졌으나 육지의 마적 위험은 계속 남아 있었습니다.(중략) 중국 정부는 만주 일대를 평온하게 하기 위해 약 4,000명의 군대를 급파하였습니다. 총괄적으로 말하면 나는 백인 사회에서 4개월이나 떠나 있었습니다. 해상과 육로로 거의 2,000㎞나 여행했습니다. 나는 조선 서부(황해도, 평안도)의 해안을 잘 살펴 장래에 다시 그 백성들과 교제할 때 쓰기 위하여 많은 단어와 대화를 표준어로 기록해 두었습니다.

나는 여기 있는 것이 어떻게 기쁜지 말로 다 할 수 없습니다. 하나님의 도우심으로 애드킹(Ediking) 씨의 오랫동안 또는 잘 감당하던 그 임무의 얼마를 받아보려고 합니다. 부디 부탁하는 이

사회(理事會)에 문안하여 주십시오. 때로는 끊지 않고 나를 권면하여 주시고, 이사회로 하여금 결국 결정케 하신 것을 위하여 또한 무한한 감사를 드립니다.

내가 베이징(北京, 북경)에 도착한 후에 몇 주간은 이곳에 거주하는 서양인을 방문하기 위하여 사용하였습니다. 지금까지 기도회는 잘 출석됩니다. 다음 주간에는 설교하기 위하여 열심히 공부하기를 시작하려합니다.

1866년 1월 1일

북경에서 알 제메인 토마스(R. J. Thomas)

한편 프랑스 천주교 선교사 중 병인박해(1866년)에서 살아남은 페롱(S. Feron), 리델(Felix C. Ridel), 칼레(Calais) 신부는 박해를 피해 김영희 성도 집에서 숨어서 어떻게 할 것인가를 깊이 의논하고 가장 젊은 리델을 베이징(北京, 북경)으로 보내 조선의 실상을 보고하도록 하였다. 리델 신부는 6월 말에 몇 사람의 조선 교인을 데리고 상제복장으로 변장한 다음 상립까지 푹 눌러쓰고 제물포까지 내려가 작은 목선을 타고 산둥성(山東省)으로 떠났다. 9일간의 항해 끝에 7월 7일 즈푸(芝罘, 지부)에 도착하였다. 리델 신부는 먼저 프랑스 대리공사 벨로네(H. de Bellonet)와 천진 주둔 프랑스 인도지나 함대사령관 로즈(P. G. Roze) 제독을 만나 조선에서 받는 박해에 대해 자세히 설명해 주었다. 이 박해를 항의하기 위해 벨로네 대리공사는 청국 총리아문(總理衙門)에 공문을 통해 조선 정부에 협조를 구해 선교사들이 들어가는 길을 열어 달라고 요청하였으나, 청국으로부터 거절당했다. 프랑스의 인지함대(印支艦隊) 사령관 로즈(P. G. Roze) 제독은

8월에 미국 상선 제너럴셔먼호가 장사차 조선으로 들어가려 한다는 소식을 들었다. 로즈 제독은 그 상선을 타고 조선으로 가 항의하기로 결심하고 통역을 부탁하기 위해 토마스 선교사를 찾아갔다. 조선 선교를 위해 성경 준비에 몰두하고 있던 토마스 선교사는 군함으로 조선을 압박하러 가는 것에는 참가할 수 없다고 거절하였다. 그러나 군함이 아니고 미국 상선 제너럴 셔먼(Generral Shermann)호가 들어간다는 것을 알고 복음 전도를 위한 좋은 기회라고 생각하여 쾌히 승낙하였다. 토마스 선교사는 로즈 제독과 출항하려고 약속했던 텐진(天津, 천진)에 도착하였다. 그러나 함께 가려던 로즈 제독[12]은 인도지나 전쟁이 치열해져 부득이 승선하지 못하게 되었다는 소식을 들었다. 그러나 토마스 선교사는 조선에 다시 들어가 복음을 전 하기로 결심하였기 때문에 조선으로 들어가기 위해 즈푸(芝罘, 지부)로 여정을 선회하였다. 즈푸(芝罘)에서는 윌리엄스 등 옛 동료들의 도움을 받을 수 있기 때문이었다. 즈푸(芝罘)에서 토마스 선교사는 김자평을 만났다. 김자평은 토마스 선교사와 조선에 들어가겠다고 하였다. 이때의 행적은 윌리엄 그리피스(William Griffis)의 책『은자의 나라, 한국』에서 찾아볼 수 있다.

"몇 주일 전에 토마스로부터 스코틀랜드 성서공회 대리인의 자격으로 조선에 들어가겠다는 편지가 왔었다. 리델 신부와 즈푸

---

12) 로즈 제독은 10월 일본에 있던 병력까지 동원하여 10월 14일에 강화도 앞바다에 들이닥쳤다. 이 함대에 리델 신부가 통역 및 수로 안내원으로 들어와 강화도에 상륙하여 사고(史庫)에서 의궤를 비롯하여 국보급 문화재를 숱하게 약탈해 가고, 불을 놓았으며 갖은 만행을 저질렀다. 리델 신부의 망동(妄動, 순교의 피를 복수의 피로 얼룩지게 하는)이 이런 엄청난 참화가 일어나게 하였다.(병인양요〈丙寅洋擾〉)

까지 동행한 적도 있고, 윌리엄슨 목사와도 인연이 있는 조선인들이 안내자가 되겠다고 자청하였으며 토마스는 그들과 함께 떠나기로 결심했다."

미루어 생각해 보면 토마스 선교사와 김자평은 복음을 위해 자신을 희생할 각오가 되어있었음이 분명하다. 그러기에 토마스 선교사에게는 어떤 배를 타고 가느냐는 것은 별로 중요한 문제가 되지 않았다. 다만 경비 문제와 중국 배나 조선 배는 작고 가벼워 풍랑에 쉽게 파선되는 것이 마음에 약간 걸렸을 뿐이었다. 때를 기다리던 중 7월 29일 즈푸(芝罘)항에 톈진(天津, 천진)에서 출발한 제너럴 셔먼(Generral Shermann)호가 도착하였다.

제너럴셔먼호에는 토마스 선교사, 선주 프레스톤, 선장 페이지, 미국인 윌슨, 영국인 호가아드, 항해사 미국인 윌슨, 기관원, 갑판원, 중국인 통역관 조능봉, 잡역부 등 24명이 승선하였다. 김자평 성도는 선주의 승인을 받지 못해 승선하지 못한 것 같다.

도마스 신교사가 조선으로 떠나기 8일 전에 런던선교회로 쓴 마지막 편지[13]

존경하는 티드맨(Arthur Tidman) 총무님께
-전략-
베이징은 선교사들에게 있어 극동 지역 중 가장 중요한 사역지입니다. 일 년에 한두 차례 아시아 전역에서 사절단들이 베이징

---

13) 「토마스 목사 傳」에서 발췌

을 방문합니다. 조선, 몽고, 그리고 티베트 사절단들은 자유롭게 우리와 어울렸습니다. 조선인들은 다른 어느 민족보다 복음의 진리에 접근할 수 있는 가능성이 커 보입니다. 조선에서 불교는 중국보다 세력이 약합니다. 또한, 조선인들은 중국 북부에 사는 낮은 계급의 중국인보다 한문을 훨씬 잘 알고 있습니다. 작년에 조선을 방문했을 때, 저는 주로 서해안 지역에서 성경책과 기독교 서적을 나누어 주었습니다. 그리고 금년 1월 베이징에서 조선에서 온 동지사(冬至使) 한 명을 만났는데, 낯선 그가 제 손에 중국어로 쓰여진 종이 한 장을 주었습니다. 그 종이에는 작년 한 외국인이 조선 서해안에서 나누어 주었던 마태복음을 구해 달라는 내용이 적혀 있었습니다.

제가 서해안에 배포한 성경책이 조선의 수도에까지 전달되었다는 사실을 그 쪽지로 인해 알게 되었습니다. 하나님의 복음의 영향은 결코 사라지지 않습니다. 저는 여전히 시간이 있을 때마다 부지런히 조선어와 조선에 대한 지식을 배우고 있습니다.

작년에는 어떤 어려움이 있을지도 모르고 조선을 방문했다가 폭풍의 위협과 외국인을 환영하지 않는 분위기에 처했지만, 그럼에도 조선을 처음 방문하여 머문 최초의 기독교 선지자라는 긍지가 있었습니다. 이번에도 상당히 많은 성경책과 기독교 서적을 가지고 출발하며, 이 모든 것이 그곳 사람들의 환영을 받으리라고 기대하고 있습니다.

베이징에서 우리의 사역은 하나님의 축복 아래 빠르게 진행되고 있습니다. 단 몇 주간이지만 베이징을 떠나는 것에 대하여 무척 미안하게 생각합니다. 그러나 기독교 선교사가 한번 들어갔

던 나라에 다시 들어가는 일의 중요성에 대한 지부장 에드킨스
(Joseph Edkins) 선교사와 다른 선교사들의 제안은, 저로 하여금
조선 내륙에서의 선교를 결심하게 하였습니다. 이는 앞으로 굉
장히 유익한 방향의 변화를 불러올 것입니다. 이 알려지지 않은
나라에서의 로마 가톨릭의 실수와 순수한 성경의 가르침을 전파
하는 노력을 이사회가 신뢰할 것을 믿습니다.

당신의 신실한 로버트 저메인 토마스

1866년 8월 1일 즈푸에서

**셔먼호로 추정되는 그림**

토마스 선교사는 1866년 8월 9일 다시 윌리엄슨 선교사의 격려와
후원을 받으며 무장한 미국 상선 제너럴셔먼호(General Shermann, 길
이 54.54m, 넓이 15.15m, 높이 9.09m)를 타고 다시 조선으로 향하게 되
었다. 제너럴셔먼호는 미 해군에서 사용하던 군함이었기에 대포를
장착할 수 있었기에 만일의 사태에 대비하여 2문의 대포가 장착되
어 있었다. 미국 상선은 조선이 필요할 것 같은 물품(유리, 바늘, 그릇,
자명종, 천리경 등)을 많이 싣고 통상 개시를 목적으로 한 무장상선이

었다. 토마스 선교사는 중무장한 것이 마음에 걸렸으나 조선에서 복음을 전하고 싶었기에 동승하였던 것이다. 토마스 선교사는 첫 조선 선교에서 사귀었던 사람들과 베이징(北京)에서 만났던 동지사 일행과 만남을 특별히 기대하면서 설레는 마음으로 조선을 향해 떠났다. 셔먼호가 1866년 8월 9일 중국 즈푸(芝罘)를 떠나 조선으로 향하였는데 제너럴셔먼호가 처음 닻을 내린 곳은 백령도 두문진이었다. 외국선이 두문진에 도착하자 백령도 관리들과 수비대는 긴장하고 있었다. 이때 백령도를 방문하였던 토마스 선교사가 하선하여 성경을 나누어주었는데 무장한 군인들에게도 조선말을 하며 성경을 나누어주었다. 훗날 백령도의 최익로는 이렇게 증언하고 있다.[14]

"제너럴셔먼호가 처음 왔을 때 친구들하고 배를 구경하러 갔었다. 그 외국인 중 한 명이 유독 친절하여 우리를 반갑게 맞아 주었다. 그 당시에는 그가 우리에게 나눠 주었던 음식들에 대해 잘 몰랐지만, 지금은 그것이 케이크라는 것을 알고 있다.

또 그로부터 몇 권의 책을 받았는데 후에 조선 군인들의 위협적인 태도에 우리는 그 책을 버리거나 포기할 수밖에 없었다. 우리가 배 근처에 있는 동안 외국인들은 무엇인가를 비비더니 불을 만들어 냈다. 또 당길수록 늘어나는 줄 하나를 보여주었다. 이런 것들을 처음 본 우리는 놀라지 않을 수 없었다. 그러나 지금은 그것이 성냥과 고무줄인 것을 알고 있다.

정부 관리는 외국인들이 나누어 주었던 책 모두를 관청으로 가져오라고 명령한 후에 그 책들을 다시 옹진 해군 관청으로 보냈

---

14) 「토마스 목사 傳」에서 발췌

다."

백령도를 떠난 제너럴셔먼호는 돛섬에 다다랐다. 돛섬에서 토마스 선교사는 자신을 조선으로 인도하였던 중국인 선장 우문태(于文泰)를 만나 그의 안내로 평양으로 갈 수 있는 대동강 안으로 들어갔다. 배가 문우구에 도착했을 때 우문태는 더 이상 들어가는 것은 위험하니 여기에서 통상교섭을 하라고 권하였지만 계속 올라가려 하니 우문태는 하선하고 중국으로 돌아갔다.

메도스 회사가 제너럴셔먼호의 최후에 대한 소식을 듣고 베이징(北京) 주재 미국 공사에게 보낸 편지[15]

벌링게임(Anson Burlinggame) 각하

아래에 기명한 영국회사인 본 메도스 회사는 각하의 협조를 얻기 위하여 아래와 같은 사항을 전하고자 합니다.

지난 7월 말경 미국 빔신 제너릴셔먼호가 텐진(天津, 천진)항에 도착했습니다. 건강 때문에 그 배에 타고 있던 선주 프레스톤(Preston)은 우선 싣고 온 화물을 저희에게 건네주었고, 다시 상품들을 채워 넣은 후 화물 감독과 함께 그 물건들을 조선에서 팔아보자고 저희와 합의했습니다.

제너럴셔먼호는 7월 29일 새 짐을 싣고 즈푸(芝罘)로 떠났습니다. 한편 우리 직원 중 한 명인 화물 감독 호가스(Hogarth)는 시간

---

15) 「토마스 목사 傳」에서 발췌

을 절약하기 위해 중국인 도선사(渡船士)와 꾸왕뚱(廣東, 광동)의 화폐 감정인을 대동하고 샤프츠버리호 편으로 미리 즈푸(芝罘)로 갔습니다. 그리하여 배가 즈푸(芝罘)에 도착하자 승선할 수 있었습니다. 또, 다시 조선으로 가고 싶어 하던 토마스 선교사 역시 승객으로 제너럴셔먼호에 승선했습니다.

이렇게 제너럴셔먼호가 즈푸(芝罘, 지부)를 떠난 후 저희는 지금까지 연락 받지 못하고 있습니다.

10월 8일 즈푸(芝罘)에 있는 회사 직원으로부터 문제의 상선이 대동강을 지나는 도중 조선 왕의 명령에 불태워졌다는 편지를 받았고, 우리는 즉시 이 서신의 사본을 윌리엄슨 박사에게 보냈습니다.

10월 20일 즈푸(芝罘)의 직원으로부터 다시 연락을 받았는데, 대동강 입구에서 제너럴셔먼호의 인도를 맡았던 중국 배의 선장(于文泰)을 만나 보았다는 것이었습니다. 이 중국인이 그 배의 상황에 대해 좀 더 알고 있다는 생각이 듭니다. 다만 후에 당국이 그 점에 대해 자신을 조사할 것을 두려워하여 자기가 알고 있는 내용을 다 말하지 않는 것 같습니다.

교역차 갔는데도 방문자를 모두 죽인 조선 정부의 행동은 서양인의 시각에서 볼 때, 결코 정당화될 수 없는 것입니다. 그래서 실례를 무릅쓰고 각하께서 이 문제에 대해 관심을 두기를 바라는 마음으로 이 편지를 보냅니다. 배를 불태우고 승선한 사람들을 몰살시킨 것에 대하여 조선 정부에 다시는 그와 같은 일을 범하지 않도록 조치해 주시기를 바랍니다.

메도스 회사(Messrs Meadows & Co

미국 전권 공사

빌링게임(Hon. Ason Bulinggame)에게

1866년 10월 27일

8월 17일 제너럴셔먼호는 급수문(急水門)에 도착하였다. 이곳 감사인 정태식이 부하들과 함께 급수문으로 가 다음날 문정관(問情官)들을 제너럴셔먼호로 파견하였다. 제너럴셔먼호 승무원은 이 배가 상선이며 교역을 위해 왔다고 설명하였다. 그러나 문정관은 서양인이 내륙으로 들어가는 것은 법으로 금지되었으므로 더는 들어갈 수 없다고 답하였다. 그러나 선원들은 평양으로 들어가겠다고 고집하면서 우선 음식과 장작을 교환하자고 요구하였다. 문정관들은 쌀 두 가마와 쇠고기 30파운드, 달걀 260개, 채소 20꾸러미, 장작 20꾸러미를 바꾸어 주었다.

이 소식을 접한 백성 2천여 명이 상선을 구경하기 위해 강기슭에 모여들었다. 토마스 선교사는 보트를 타고 강가로 가서 성경책과 기독교 서적을 나누어 주었다. 이때 박민우(朴敏祐)라는 청년도 성경책을 받았는데 토마스 선교사의 설교가 재미있었다고 증언한 기독교인이다.

8월 20일 상선은 장사포(場沙浦)에 도착하였는데 이날이 장날이었기에 수천 명의 백성이 배를 구경하러 모였다. 그중에 소년 홍신길(洪信吉)이 친구 두 명과 함께 배를 저어 상선으로 갔다. 토마스 선교사는 이 소년들을 반갑게 맞이하고 자기 방으로 데려가 케이크를 줘 먹게 하고 몇 권의 책도 주며 이야기를 나눈 두어 시간 후 그들은 집으로 돌아왔다.

같은 날 밤 쑥개 마을에서 장인국, 표영보, 지달수, 지택구, 지택 봉, 지택주, 지달해, 장용국 9명의 사람이 토마스 선교사를 찾아왔 다. 장용국을 제외하고 8명은 천주교 신자이었는데 프랑스 함대가 천주교 박해 때 순교한 사건을 수습하기 위해 온 것으로 알고 찾아 온 것이었다. 지달해(池達海)가 중국어로 천주교 신자임을 밝히고 천주교 박해(迫害)에 관해 설명하자 토마스 선교사가 조선말로 자기 는 천주교인이 아니고 기독교 선교사라고 밝혔다. 곧 종교의 자유가 올 터이니 염려 말고 기다리라며 성경책과 기독교 서적을 주며 빅토 리아 여왕의 초상이 새겨진 은화를 함께 선물로 주었다. 그들은 이 은화를 성모마리아의 형상이 새겨진 것으로 믿고 돌아갔다. 그들은 이후 천주교인이라는 것과 외국인과 교섭하였다는 이유로 체포되었 고 지달해와 지달수는 1867년 1월 22일 평양의 보통문 밖에서 참수 되었다.

9명의 천주교 신자가 다녀간 다음 날 다른 문정관이 제너럴셔먼 호에 왔다. 문정관이 "무엇 때문에 이곳에 왔는가?"라고 묻자 토마 스 선교사는 조선말로 평양감사를 만나 교역을 성사시키기 위해 왔 다고 답하였다. 그리고 비단과 유리, 망원경, 자명종 등을 가지고 왔 는데 조선의 쌀, 인삼, 종이, 호랑이 가죽 등과 교환하고 싶다고 하 였다. 그러나 문정관은 그 요구를 거절하였다.

그날 제너럴셔먼호는 평양 근처 석호정(石湖亭)까지 올라갔고, 사 람들은 이 배를 구경하기 위해 몰려왔다. 토마스 선교사는 이곳에서 도 성경책과 기독교 서적을 나누어 주었다.

김영섭(金永燮)은 토마스 선교사에게서 진리역지(眞理易知) 라는 책을 받고 그 책을 남몰래 반복해서 읽다가 기독교의 진리를 알게 되었다. 그는 아들 김종권(金宗權)과 조카 김성집(金成集)에게 이 진리를 가르쳤는데 이들이 장로가 되었다. 김종권 장로는 이 책을 1923년까지 보관하였는데 큰 홍수로 이 책을 잃어버렸다.

8월 22일 제너럴서면호는 만경대(萬景臺) 근처 작은 섬 두로도(頭老島)에 닻을 내렸다. 토마스는 100여 권의 성경을 나누어 주고, 강을 거슬러 올라가 8월 25일 봉황진(鳳凰津)에 도착하였다. 평양감사 박규수(朴珪壽, 燕巖 朴趾源의 손자)는 방어진을 구축하라고 명령하였다.

8월 27일 제너럴서면호 승무원 6명이 작은 배를 타고 평양의 한사정(閒似亭)으로 향했다. 순시 대장 이현익이 뒤쫓아 갔으나 오히려 승무원들에 의해 억류되었다. 이때부터 제너럴서면호와 관군 사이에 긴장감이 휩싸고 전운이 감돌았다. 서면호의 웅장한 모습을 구경하기 위해 평양시민들이 대동강 변에 나와 구경하고 있었다. **제너럴서면호의 선원들이 문정관이 가지고 있는 공식 문서에서 상선과 승무원들에게 어떻게 할 것인지 자세히 기록되어 있었다.** 조선 관리들의 계획은 승무원들을 모두 평양으로 유인하여 모두 죽이는 것이었다. 이를 알게 된 승무원들은 중군 이현익을 인질로 잡고 협상하려는 것이었다. 그러나 평양감사 박규수는 이 요구를 거절하였고, 평양시민들은 돌을 던지며 이현익 석방을 강하게 요구하였다.

적개심이 극에 달한 관군이 발포하였고, 제너럴서면호에서도 8월 28일 9시 사격을 시작하였다. 싸움이 격렬할 때 4시경 퇴역 장교 박춘권이 단신으로 들어가 이현익을 구출해 냈다. 박춘권은 훗날 평양장로교회 최초의 교인이 되었다.

평양감사 박규수[16]는 군대를 이끌고 나와 퇴거를 명하였으나 셔 면호에서는 토마스 선교사를 통해 통상을 요구하였다. 군대가 오는 것을 본 상선에서는 무장하고 조선군대를 조롱하였다.

평양감사 박규수는 왕궁에 보고서를 보내 공격 명령을 기다리고 있었다. 조정에서는 9월 3일 회의를 열고 고종은 제너럴셔면호에 대한 공격을 명하였다. 제너럴셔면호의 최후가 점점 다가오고 있었 다. 위기를 직감한 제너럴셔면호에서 강 하구로 후퇴하려 하였으나 강의 수위가 낮아져 수로를 찾지 못했다. 제너럴셔면호에서 대표자 와 통역을 하선시켜 화해 의사를 표하며 승무원들의 안전을 보장할 것을 요구하였다. 그러나 평양 관리는 모두 하선한 후 항복하라고 하였다. 이에 제너럴셔면호 대표자가 본선을 향해 신호를 보내자 대 포를 쏘기 시작하였다.

이어 교전 상태에 들어갔고, 화력의 열세를 느낀 평양감사 박규수 (朴珪壽)는 8월 5일 관군 박춘권(朴春權)[17]이 권한 화선전법(火船戰 法) 즉 유황을 뿌린 잡목들을 실은 거룻배를 준비한 후 솔가지와 풀 을 가득 실은 배에 불을 붙여 떠내려 보내 셔면호를 불사르게 하였 다. 셔면호가 불타기 시작하고 셔맨호에 있던 24명 전원은 강물에 뛰어내렸다. 셔면호 승무원들은 모두 관군에게 잡혀 끌려가게 되었 는데 이런 급박한 상황에서도 토마스 선교사는 가지고 내린 성경을 나누어 주며 전도하였다. 이때 최치량에게도 성경을 주며 전도하였

---

16) 토마스 선교사가 런던선교회가 경영하는 북경대학의 학장 서리직을 맡아 일하던 중 평양감사 박규수가 동지사로 북경에 왔을 때 만나 교분을 쌓았다. 『영흥교회 100년사』

17) 토마스 선교사를 참수함. 토마스에게 성경을 받음. 예수 믿고 안주교회 영수가 됨.

다.[18] 평양감사 박규수는 당당히 전도하고 있는 토마스 선교사에게 참수형을 집행하였다.

토마스 선교사가 순교한 대동강 모란봉

이때가 1866년 9월 2일 해질 무렵이었으며, **토마스 선교사의 나이 26세였다. 토마스 선교사는 개신교 선교사로 조선에서 순교한 첫 선교사가 되었다.**[19]

토마스 선교사를 참수형을 시킨 병사는 가족들에게 이렇게 말하

---

18) "최치량은 토마스 선교사에게서 성경 세 권을 받았다. 금서임을 알고 영문주사(營門主事)인 박영식에게 성경을 주었다. 박영식은 성경을 모아서 자기 집을 도배하였다. 도배한 성경을 읽고 예수님을 영접하였다. 최치량은 그의 집을 샀고, 그 집은 평양 최초의 교회가 되었다." 교회 이름은 "널다리골교회"이고, 이 교회가 장대현교회이다.

19) 영국 하노버교회 교육관(토마스선교사 기념관)에 기록된 글이다.
**지금** 하노버교회는 한국인 선교사 유재연 목사가 2013년 말부터 섬기고 있다.

였다. [20)]

"내가 오늘 서양 사람을 죽였는데 아무리 생각해도 이상한 점이 있다. 내가 그를 찌르려 할 때 그는 두 손을 마주잡고 무슨 말을 한 후에 웃으면서 책 한 권을 내밀며 받으라고 권하였다. 결국 그를 죽이기는 했지만, 그 책을 받지 않을 수 없어 가지고 왔다."

당시 20대 청년이었던 황명대(黃命大)는 친히 목격하였던 것을 오문환 장로(1918년부터 토마스 목사 행적을 조사하며 200여 명을 면담한 후 1928년 토마스 목사 전을 출간)에게 "토마스는 죽기 전에 뱃머리에서 용감하게 홀로 '야소'를 외치며 남은 성경을 뿌렸다."라고 증언하였다. [21)] 증언할 당시 80세의 고령이었던 그는 평양 부근 장로교회 신자였다. 이 대동군 대동강면 조왕리교회는 1932년 토마스 목사 기념교회로 선정되었다. 제너럴셔먼호가 불탈 때 당시 11세였던 최치량은 숙부를 따라 친척 김성집과 함께 구경 갔다가 토마스 선교사가 뿌린 성경을 들고 돌아왔다. 그때 20세였던 이신행도 한 권을 가지고 집으로 왔다. 그 후 그녀는 여자로서는 평양 최초의 교인이 되었으며 그녀의 아들인 이덕환도 장대현교회 장로로 시무하였다.

며칠 후 제너럴셔먼호에서 받은 책을 가지고 있는 사람은 모두 체포하라는 관령(官令)이 내려졌다. 성경을 소지하고 있던 사람들은 대부분 태워버렸는데 영문주사로 있던 박영식은 사람들이 버린 성경을 수집하여 평양 대동문 안에 있던 자기 집 벽지로 사용하였다. 후에 최치량이 박영식의 집을 구입하여 여관으로 사용하였는데 평

---

20)  「토마스 목사 傳」에서 발췌
21)  「토마스 목사 傳」에서 발췌

양을 처음 방문한 모펫(Samuel A. Moffet 마포삼열) 선교사와 한석진(韓錫晉1868-1938, 1907년 평양신학교 1회 졸업, 목회 전 독립협회 활동) 목사를 투숙시키는 인연을 맺었다. 이들의 전도로 최치량은 신자가 되었으며 이 집은 후에 교회가 되었다. 토마스 선교사가 순교(1866년)를 당하면서도 "예수! 예수! 예수!"를 외치며 전도하였던 영국 독립교회 청교도 복음의 씨앗이 조선 땅 대동강 변에 뿌려졌다. 이 복음의 씨앗이 17년 후인 1883년 황해도 장연군 대구면 소래에서 피어나 나무가 되어 놀라운 열매가 주렁주렁 맺혀 조선 방방곡곡에 교회가 세워지고 축복의 땅으로 변해 복음 선교의 나라가 되었다.

## 2) 콜벳 선교사와 목동(牧洞) 출신 순교자 김자평 성도

토마스 선교사의 순교 사건 이후 후속 조치를 위해 콜벳(H. Corbett: 곽현덕〈郭顯德〉) 선교사가 목동을 방문했다. 콜벳 선교사는 중국 산동성(山東省) 즈푸(芝罘)에서 선교 활동을 하면서 조선 선교에 관심을 가지고 조선말을 배우며 조선 선교의 기회를 기다리고 있었다. 1866년 9월 2일 대동강 변에서 미국 상선 세너럴셔먼(Generral Shermann)호가 전소되어 승무원 전원이 살해될 때 토마스 선교사는 전도하다 참수형을 당했다.

이 사실을 알게 된 중국에 있던 미국 대리공사 윌리엄스(Williams)는 이 사건을 조사하기 위해 군함 파견을 명령하였다. 미국 극동 해군 사령관 로우원(Rowan) 제독은 슈펠트(R. W. Schufeldt) 제독을 사령관으로 하여 1867년 1월 군함 와츄셋(Wachusett)호를 파견했다. 윌리엄스 대리공사는 동행할 통역관으로 콜벳 선교사를 초청했다. 콜

토마스 호(토마스 순교 기념전도회에서 1936년 만듦)

벳 선교사는 토마스 선교사의 순교에 대해 엄중히 항의하고 선교의 자유를 요청해야 한다는 뜻을 분명히 전했다. 윌리엄스 대리공사는 그 뜻에 찬성하며 통역관으로 함께 가기를 다시 요청하자 콜벳 선교사는 조선 선교의 좋은 기회가 왔다고 생각하고 기쁨으로 수락하였다.

콜벳 선교사는 스코틀랜드 성서공회에서 일하는 윌리엄슨(A. Williamson) 목사를 찾아가 조선으로 들어가겠다고 설명하며 토마스 선교사처럼 순교를 각오하고 복음을 전하러 가는 길이니 지원을 요청하였다. 윌리엄슨 선교사는 조선으로 들어가는 것은 시기상조이요, 순교할 수 있으니 다음 기회를 보자고 만류하였으나 콜벳 선교사의 확고한 의지에 감복하여 원하는 모든 것을 지원해 주었다. 콜벳 선교사는 윌리엄슨 선교사의 지원을 받아 한문 성경을 가지고, 윌리엄슨 선교사가 추천한 중국인 수로 안내원 우문태(于文泰), 중윤승(仲允升)과 함께 와츄셋호에 승선하여 1867년 1월 21일 즈푸(芝

쁏)를 떠났다. 슈펠트 제독은 제너럴셔먼호가 불탄 대동강으로 가는
것은 조선 정부에 위협을 주는 행위이기에 위험부담이 크다고 판단
하였다. 그리고 토마스 선교사에게 조선 선교를 권유하고 함께 선교
한 김자평을 만나 사정을 자세히 알아보기 위해 **1월 23일 황해도 서
해안에 있는 나의 고향인 목동포(牧洞浦)에 입항하였다.** 하나님의 은
혜가 아니면 살 수 없는 목동에 복음을 들고 콜벳 선교사가 온 것은
우연한 일이 아니고 하나님의 오묘하신 섭리 중에 이루어진 하나님
의 크신 사랑의 흔적이다.

  슈펠트 함장과 콜벳 선교사는 미국 정부의 서한을 목동포에 있는
관리에게 전달하며 셔먼호의 선원 중 생존자가 있으면 인도해 줄 것
을 요청했다. 목동포에 있던 관리는 그 서한을 황해 감찰사 박승휘
(朴承輝)에게 전달하고 회신이 올 때까지 목동포에서 기다리며 목동
과 소래 등에 복음을 전하며 회신을 기다리고 있었다. 회신은 7일
후에 도착하였는데 셔먼호는 불탔고, 생존자는 한 명도 없고, 토마
스 선교사는 순교한 일이 회신을 통해 확인되었다.

### 조선정부의 회신[22]

  "1866년 7월(음력)에 양선(洋船) 한 척이 평양에 내박하고 발포
  와 난동을 부리다가 배는 지방민에 의하여 불타버리고 선원들은
  피살되었는데 그중에 최난헌(崔蘭軒, 토마스 선교사의 중국명)이란
  영국 사람과 덴마크 사람 이팔행(李八行)과 마귀자 등이 있을 뿐
  이요, 미국인은 없었으나 윌리암스가 평양의 영국인 소닉(燒溺,

---

22) 「한국교회사」에서 발췌

불에 타고 익사) 사건을 미국인으로 오인한 것이라 하였다."

콜벳 선교사는 중국인 우문태와 함께 목동포에서 김자평을 만나 토마스 선교사의 순교 소식을 듣게 되었다. 그리고 콜벳 선교사는 불과 7일뿐이었지만 목동과 소래를 포함한 해안선을 따라 인근 촌락을 다니며 한문 성경을 나누어 주며 전도하는 일에 힘썼다. 그러나 별다른 제재를 받지 않고 복음을 전하였다.

이후 윌리엄슨 선교사는 토마스 선교사가 꾸었던 선교의 꿈을 계승하기 위해 만주로 떠났다. 그리고 즈푸(芝罘)에 남아 있는 선교사들에게 "조선 사람들은 공짜를 매우 경시합니다. 그러나 돈 주고 산 것은 매우 소중히 여깁니다. 그래서 나는 만주에서 조선 사람들에게 성경을 돈을 받고 팔 생각입니다. 선교사님들도 조선 선교를 신중히 생각하고 실천하십시오."라고 부탁하고 만주로 떠났다. 윌리엄슨 선교사는 조선 사람들에게 성경을 돈을 받고 팔았더니 성경을 귀하게 여기고 스스로 읽기 시작하는 것을 보고 힘을 얻었다. 이때 스코틀랜드의 일치자유교회 소속 선교사인 로스와 그의 매부인 매캔타이어 선교사가 우좡(牛莊, 우장)에 도착하고 바로 선양(瀋陽, 심양)에서 선교활동을 하고 있는 윌리엄슨 선교사를 찾아왔다. 윌리엄슨 선교사는 두 신임 선교사에게 토마스 선교사의 순교와 선교의 꿈을 자세히 설명해 주고 조선 사람들에게 전도하기 위해서는 고려문으로 가라고 부탁하였다. 로스와 매캔타이어 선교사가 윌리엄슨 선교사의 권유로 고려문에 간 것은 1874년 봄이었다. 윌리엄슨 선교사는 두 선교사를 만난 후 다시 즈푸(芝罘)에 와서 선교사들에게 선교

보고를 하였다. 윌리엄슨 선교사는 조선 선교에 큰 영향을 끼친 토마스 선교사, 로스 선교사, 매킨타이어 선교사가 조선에 선교하도록 지대한 영향을 끼쳤다.


### 3) 마티어 선교사와 순교자 김자평(金子平) 성도[23]

토마스 선교사는 1866년 미국 상선 제너럴 셔먼(General Shermann)호를 타고 평양까지 왔다가 순교하였다.[24] 이때 김자평은 동승하지 않아 살아남았다. 이후 김자평은 서맨호 사건 조사 차 목동포에 온 미국 군함 와츄셋(Wachusett)호에서 미국 선교사 콜벳(H. Corbett) 목사를 만나 제너럴셔먼호와 토마스 선교사 순교 당시 실정을 알려 주었다.

미국은 1868년에 다시 제너럴셔먼(Generral Shermann)호에 대해 항의하려 세난다(Shenandoah)호를 파견했고, 그때 마티어(C. W. Matear) 선교사가 동선(同船)했다. 그는 돗섬(석도) 앞바다에 정박하고 황해도 은율군 장련면 직진리 오리포에 상륙하였다. 오리포에 내린 마티어 선교사는 서당 훈장 임병정(林秉正)에게 마가복음과 신약전서 각 1권을 전해주며 전도하였고, 각처에 다니며 성경을 나누어주며 복

---

23)  「황해도교회사」, 「한국기독교100년」, 「크리스챤 리뷰」에서 참고
24)  편집자 주: 김자평 성도는 토마스 선교사와 함께 제너럴 셔먼호에 탑승하지 못했지만, 고향 대구면 목동으로 돌아왔다가 평양으로 간 것으로 추정된다. 평양에서 제너럴 셔먼호의 최후를 목격자들에게 알아보고, 토마스 선교사의 장렬한 순교의 모습도 생생히 듣고, 중국 사람들이 관군에게 끌려갔다는 소식도 들은 것 같다. 그래서 그는 이 사실을 콜벳 선교사와 마티어 선교사에게 증언하고 황해감사 앞에서도 담대히 증언하고 순교하였다고 생각된다.

음을 전하였다. 그리고 마티어 선교사는 김자평을 직접 만나 토마스 선교사의 순교에 대해 자세히 설명을 들었다.

　　**김자평은 순교를 두려워하지 않고 제너럴셔먼호 사건을 증언하였고, 마티어 선교사는 김자평의 증언을 근거로 셔먼호 선원 중 생존자 3, 4명을 송환하라고 조선 정부에 추궁하였다.** 이에 황해도 감사는 허위사실 유포로 국사에 어려움을 주었다는 죄목으로 김자평 체포령을 내려 그 자리에서 검거하여 서양인과 내통한 혐의로 서양인과 마티어 목사가 지켜보는 가운데 **1868년 4월 23일 참수형**을 집행하였다. 이를 지켜본 마티어 목사는 "저 흘린 피가 복음을 위한 생명의 씨앗이 되어 반드시 구원받는 자가 일어나게 하소서"라고 기도했다. **이 기도는 15년 후 소래교회에서 이루어졌다.**

　　**김자평 성도는** 토마스 선교사와 함께 복음을 전하고, 토마스 선교사의 순교를 목숨을 내어놓고 증언하다 의연하게 순교한 **대구면 금수리 목동**(大救面 金水里 牧洞)**의 첫 순교자요 개신교의 첫 순교자이다.** 토마스 선교사와 콜벳 선교사가 뿌린 복음의 씨앗 위에 순교한 김자평 성도의 피가 덧입혀졌음에도 복음의 싹이 피어오르지 않는 것 같았지만, 하나님께서는 세밀히 준비해 주셨다. 만주에서는 서상륜을, 소래에는 김 판서를 이주시켜 준비시켜주셨다. 그래서 김자평이 순교한 지 15년 후인 1883년 5월 16일 이곳 소래에 소래교회로 새싹이 돋아나왔다.

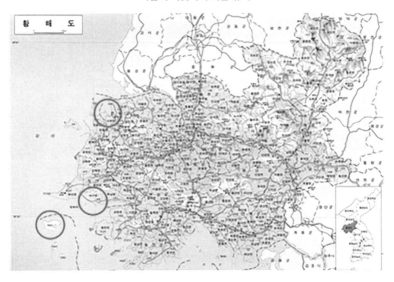

- **토마스 선교사**: 1865년 9월 15일 백령도 도착, 백령도와 금수
  리에서 전도
- **콜벳 선교사**: 1867년 1월 금수리에서 7일간 전도
- **순교자 김자평**: 1868년 4월 23일 참수(오리포리)

# 4.
# 소래(松川)교회 설립의 역사적 배경

존 로스(John Ross) 선교사와 그의 매부인 존 매킨타이어(J. Macintyre) 선교사가 윌리엄슨 (A. Williamson) 선교사로부터 같은 영국인 출신 토마스 선교사가 조선 선교하다 순교했다는 소식을 들었다. 두 선교사는 조선의 선교를 품고 만주지방(滿洲地方)에서 기도하며 조선의 역사 생활 습관을 배우고 조선인의 출입이 빈번하고 고려인 삼천여 가구

존 로스 선교사

가 사는 고려의 옛 도시인 지안현(輯安縣〈집안현〉 지안(集安)의 옛 이름)의 리양즈(裡楊子, 이양자)에서 준비하고 있었다.

1874년 국경에 인접한 만주(滿洲) 고려문(高麗門)에서 만주인이 경영하는 여관에 의주 출신 이응찬(李應贊), 백홍준(白鴻俊), 이성하(李成夏), 김진기(金鎭基) 네 청년이 머물고 있었다. 그때 그 여관에 머물고 있던 존 로스(J. Ross), 존 매킨타이어(J. Macintyre) 두 선교사가 여관 주인에게 조선어 교사를 추천해 달라고 요청하였다. 여관 주인

은 이응찬, 백홍준, 이성하, 김진기 네 청년을 추천하였다. 그들 중 이응찬이 성경은 배우지 않는다는 조건으로 조선어 교사 초빙을 수락하였다. 그 후 국경에서 멀리 떨어진 선양(瀋陽, 심양. 옛 펑티안<奉天, 봉천>)에서 로스(John Ross), 매킨타이어(J. Macintyre) 선교사에게 새 학문인 영어·수학·물리학·화학 등을 배웠다. 그리고 두 선교사에게 조선어를 가르치다 다시 고려문으로 돌아가 자기가 배운 신학문을 세 친구에게 이야기해 주면서 같이 가서 함께 배우자고 설득하여 모두 선양(瀋陽)으로 갔다. 성경을 배우지 않는다는 조건으로 3년간 새로운 학문을 배우고 조선어를 가르치던 중 영어로 된 문학 전집을 읽으며 학문의 깊이를 깨닫게 되었다. 마음의 문이 조금씩 열리게 되었을 때 성경은 이 책들보다 더 심오한 진리가 있음을 깨닫고 성경을 읽었다. 그 후 네 사람은 1876년 존 로스 선교사에게 세례를 받고 우리나라 최초의 개신교 세례교인이 되었다. 이 네 청년은 1876년 가을부터 성경 번역을 시작하여 1880년에 공관복음 번역을 마치고, 1881년 정초에 사도행전 번역을 마쳤다. 그러나 번역을 하면서 난관에 부딪쳤다. 조선어 활자가 없어 번민하고 있을 때 하나님께서는 이미 예비해 두셨던 또 한 사람을 보내주셨다. 그가 바로 한약 행상을 하는 의주 사람 한학자(漢學者) 서상륜(1848. 7.19.-1926. 1.)이었다. 서상륜은 13세 때 아버지(서석순, 徐奭淳: 콜레라로 34세 사망)가 돌아가시고 5일 후에 어머니마저 돌아가시자 가산이 기울어지기 시작하였다. 그는 가산이 기울자 1873년 25세 나이로 집을 떠나 한약 행상을 하였다.

　서상륜은 1878년 선양(瀋陽, 심양. 옛 펑티안<奉天>)에서 고향 친구인 이응찬 등을 만났다. 예수를 믿고 성경을 같이 번역하자는 친구들의 요청을 거절하고 선양(瀋陽)을 떠나려 하였다. 그러나 그날 갑자기 몸이 아파 치료를 받게 되었다. 그렇지만 차도가 없고 도리어 날로 병세가 심하여지더니 장티푸스까지 겹쳐 사경을 헤매게 되었다. 이때 서상륜은 매킨타이어의 주선으로 서양인이 경영하는 병원에 입원하게 되었다. 로스와 매킨타이어 선교사가 밤낮으로 그의 곁에서 극진히 간호하였다. 사경을 헤매던 서상륜은 한 달 만에 깨어나 가족한테서도 받아보지 못한 헌신적인 사랑을 받고 살아나게 된 사실을 알고 크게 감동하였다. 이후 기독교인이 되어 성경 번역에 동참하고 조국 복음화의 선봉자가 되었다.

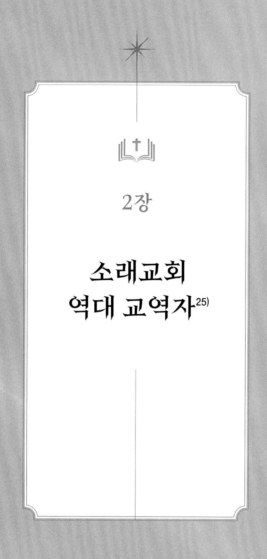

2장

# 소래교회
# 역대 교역자[25]

25)   참고문헌: 「장연군 기독교 120년사」, 「황해도 교회사」 「한국기독교회사 1」, 「한국교회사」,
「한국기독교100년」, 「숨겨진 한국교회사」

- 소래교회 설립자 서상륜 성도 〈평신도, 매서인, 조사〉

- 서경조 목사(1883-1910년): 〈평신도, 매서인, 조사, 장로, 목사〉

- 매켄지 목사(1894년-1895년): 아래소래 예배당 편에 기록

- 이승철(李承哲) 장로(1910년-1915년)

- 이승철(李承哲) 목사(1915년-?)

- 김응순(金應珣) 목사(1927년-?)

- 조응철 목사(?-1937년)

- 이승철(李承哲) 목사(1937-1938년)

- 허간(許侃) 목사(1939-1947년)

*( ) 안은 섬긴 년도

# 1.
## 소래교회 설립자 서상륜 조사

서상륜 성도는 1848년 7월 19일 평안도 의주에서 서석순(徐奭順)의 아들로 태어났다. 서상륜 성도의 가문은 본래 한성의 양반 가문이었으나 증조부 서유묵(徐有黙)께서 평안북도 의주에 정착하였다. 어려서부터 서당에 다니며 한학을 배웠기에 한문 실력이 뛰어났다.

서상륜 성도

이때 배운 한문 실력이 성경 번역의 초석이 되었고, 이때 익힌 붓글씨체가 성경을 발간하는 데 귀하게 쓰임 받았다. 서경조 목사의 손자 서재현은 "큰할아버지는 한학에 능통하였을 뿐 아니라 글씨도 명필이어서 우리도 그분에게 글씨 공부를 많이 하였다."라고 하였다. 서상륜의 글씨체가 한글 성경발간에 귀하게 쓰임 받았음을 밝혀주는 증언이다.

한글 첫 성경(로스 번역)

## 1) 서상륜 성도 세례

서상륜 성도는 1881년 로스 선교사에게 세례를 받았다.

"그리스도 신문" 1901년 9월 19일 자의 '시 선생 상륜의 경력' 기사에 실린 내용은 아래와 같다.

"일 년 전 마근태(매켄타이어) 목사가 객지에서 죽을 인생을 그같이 구원하여 내셨기로 내가 아무리 무인정하고, 무염치한 놈이라도 그때에 그 애쓴 은공과 약식(藥食) 값을 걱정하며 말하니 마근태 목사가 말씀하시기를 네 생각은 좋은 마음이 나거든 재물이 없으니 할 수 없거니와 네가 진실로 고마운 마음이 나거든 하나님께 감사하고 그 말씀대로 예수 씨를 믿으면 이에서 더 기쁨이 없겠다 하시더니 지금 로스 목사가 또 이같이 참사랑으로 권하시니 예수 씨를 믿는 사람은 참 하늘나라 백성이로다. 이같이 생각할 때 내 마음이 감동하여 고맙고 반가운 마음이 일어나거늘 이에 로스 목사를 쳐다보고 내 마음이 반가움과 이전 불의를 행한 것이 매우 부끄럽고 절통하여 뉘우치는 말을 하니 로스 목사가 묵묵히 듣다가 말하기를 그러하면 예수 그리스도와 상관이 매우 중한지라 그리스도 씨 앞에 나아와 그 명하신 대로 믿고 순복하는 것이 마땅하다 하고 이에 세례를 베풀매 내가 매우 반가이 그리스도 앞에 나아와 작정하고 목사와 청국 여러 교우 앞에서 세례를 받고 주의 무리가 되었나이다. 그때를 내가 자세히 기억하지는 못하나 짐작하건대 주 강생 일천칠백칠십년간이외다."

이글을 보면 그는 일 년 후 로스 목사를 찾아가 신앙고백을 하였고, 로스 선교사는 그 자리에서 서상륜 성도에게 세례를 베풀고 안식년을 맞이하여 5월에 본국으로 돌아갔다.

## 2) 성경 번역과 인쇄

서상륜 성도는 세례를 받은 후 매켄타이어 선교사의 집에 거하며 백홍준 이성하 김진기 이응찬 등과 함께 한문 성경을 조선어 성경으로 번역하는 일에 동참하였다. 그러나 번역작업은 쉬운 일이 아니었다. 희랍어의 문법이나 서체가 조선어와는 현격한 차이가 있고, 성서 중의 많은 어휘는 그 말이 포함하는 뜻의 내용이 아주 풍부함을 알게 되었다. 그들은 **"여호와"를 어떻게 번역해야 하나 고민하다** "여호와"라는 어휘가 갖는 뜻에 꼭 맞는 어휘가 있음을 알게 되어 매우 기뻐했다. 그 뜻은 희랍어의 "Theos"이다. 중국어의 "천주"라는 말보다 더 좋은 "하나님 즉 유일한 최상의 존재", "전지전능하신 가장 높은 곳의 주님"이라는 뜻이 있음을 알고 희열을 느꼈다. 존 로스 선교사와 그의 동료들도 한글 "유일신"의 분명한 뜻을 갖춘 낱말을 알게 되어 매우 좋아하였다. 그래서 이들은 **"여호와"를 "하나님"으로 번역하기로 결정**하고 번역에 전념하였다. 존 로스 성서 번역을 한학자인 "서상륜 번역"이라 부를 만큼 그의 공헌은 지대하였다.

이외에도 누가복음 원고를 교정하면서 평안북도 사투리를 서울 표준어로 고쳐준 동지사 수행원이 있었고, 행정관서의 서기로 있던 사람 중 아편 때문에 해고당한 조선인 학자 등이 있었음을 로스 선교사의 보고서 자료에 있음을 보게 된다.

1882년 이른 봄, 로스 선교사는 '백홍준(白鴻俊)[26]', 김진기(金鎭基), 이성하(李成夏), 이응찬(李應贊), 서상륜(徐相崙) 등과 함께 펑티안(奉天)으로 가서 산둥성(山東省) 스코틀랜드 성서공회 협조로 인쇄소(문광서원)를 설립하였다.

그러나 조선어 활자가 없어 인쇄할 수 없었다. 서상륜은 먼저 각

---

**26)** 백홍준 장로: 1883년 자원하여 성경을 약 보따리에 숨겨 서간도로 떠나 전도하여 많은 결신자를 얻어 1884년 로스, 맥켄 타이어 선교사가 75명에게 세례를 주었다. 1887년 새문안교회에서 장로장립, 1889년 언더우드 선교사 초청 압록강을 건너 33인에게 세례를 받게 함, 마펫 선교사에게 토마스 선교사 순교시 성경을 받은 최치량, 김성집을 소개. 백홍준 장로는 의주지방에서 복음을 전하다 1892년 평양감사 민병석의 지시로 의주에서 체포되어 약 2년간 고초를 겪다가 1893년 옥사하여 한국인 개신교 순교자가 되었다.

인 기술을 가진 친구를 찾아가 도장 새기는 기술을 배웠다. 그리고 서상륜 성도가 목판에 붓으로 성경 말씀을 쓰면, 동역자들이 칼로 파서 일본으로 보내 4만 개의 납 활자를 만들어 오는 거대한 작업을 하였다.

그리고 식자(植字)를 조립해 인쇄하므로 많은 성경책을 찍어낼 수 있었다. 서상륜이 중심이 되어 마침내 우리말 성경이 발행되었다. 1882년 3월 24일에 누가복음 3천 부가 출판되었고, 1882년 5월 12일에 요한복음 3천 부가 출판되었다. 1883년 봄에 나머지 공관복음과 사도행전이 출판되었다. 이렇게 시작된 성경 출판은 1887년에 신약성경이 완역되고 출판되는 놀라운 역사를 이루었다.

백홍준, 서상륜, 최명오

조선의 복음 전도는 존 로스, 맥켄타이어 선교사가 심혈을 기울여 오랫동안 뿌려온 씨앗이 초석이 되어 결실을 맺었다.


## 3) 전도

서상륜 성도는 쪽 복음서가 출간되자 1882년 이 복음서를 가지고 먼저 남 만주지역(南 滿洲地域)에서 복음을 전하는 권서로 출발하였다.

로스는 그의 보고서에 "상하이(上海)에 있는 귀(貴) 주재원을 통해서 서상륜씨는 3개월간 권서 행로에 나섰다. 그는 조선 전역을 여행할 수 있지만 우선 압록강 연안부터 시작하려 한다"고 기록했다.

1883년 이른 봄, 로스 선교사는 조선에 들어가 전도할 전도인을 파송하기 원했다. 이때 이응찬 선생이 자원하였다. 그가 "죽을 각오를 하고 머리카락과 손톱을 잘라 놓고 작별 예배를 드리고 떠나자"라고 제안하자 로스 선교사는 처음부터 극단적 생각을 하는 것은 옳지 않다고 말했다. 이응찬 선생과 로스 선교사 사이에 의견 차이가 좁혀지지 않아 결정하지 못하였다. 이때 서상륜 선생이 "나는 이대로 떠나겠습니다. 제가 현지에 가서 현지 상황에 따라 제가 순교를 당하든 어떻게 하든 판단하고 행동하겠습니다."라고 말한 후 전도인의 임무를 띠고 펑티안교회(奉天敎會, 봉천교회)에서 파송식을 받고 떠났다. 100권의 복음서와 전도 문서를 가지고 조선으로 입국하던 서상륜은 고려문[27]에서 중국 관헌의 불심검문에 걸려 소지품 검사를 받던 중 쪽 복음 성경이 무더기로 나오자 별정소에서 모진 매를 맞고 투옥되었다. 그러나 고려문(高麗門)에서 수색을 담당하고 있던 사람 중에 김효순과 김천련 두 청년은 서상륜의 하인으로 있던 자들이있는데 이들의 도움을 받았다. 이들이 한밤중에 서상륜을 비밀리에 탈출시켜 주었고, 서상륜은 마련해준 말을 타고 당일로 국경을 넘어 다음 날 의주에 있는 자기 집에 무사히 도착할 수 있었다. 집을 떠난 지 10년 만에 순교를 각오한 주의 종으로 새사람이 되어 복음을 들고 돌아왔다. 낡은 집에서 10년간 기다려온 할머니와 동생 경조가 반갑게 맞아주었다.

---

**27)** 고려문: 청태조가 중원을 통일한 후 조선의 침입을 막기 위해 장책을 설치하고 세운 문. 조선 사신이나 상인들이 내왕할 때 오직 고려문으로 제한함.

서경조의 손자 서재현이 증언 하였다. [28]

　　"그날 밤 큰할아버지를 구출해 주신 분은 본래 우리 가문의 하인으로 있었던 사람이며 큰할아버지가 옥중에 갇힌 것을 보고 황급히 말 두 필을 빌려 그 밤으로 탈옥 도주할 수 있도록 하였습니다. 이때 한 필은 큰할아버지가 타시고 한 필은 그분이 타고, 고맙게도 그분이 직접 안내하여 압록강을 무사히 건너 의주에 도착할 수 있도록 하였습니다."

　　"그때 큰할아버지는 집에 도착하자 곧 지금까지 되어진 모든 형편을 할머니와 동생에게 고하고 황해도 봉대로 내려가 은신할 것을 말하고, 동생 경조에게는 속히 가산을 정리하여 할머니를 모시고 봉대로 내려올 것을 부탁하였으며 그 길로 그를 안내한 분과 함께 말을 총총히 몰고 떠나셨다고 합니다."

　서상륜은 신변의 위험을 직감하고, 당숙이 있는 황해도 장연도호부 서대방 봉대(황해도 장연군 대구면 봉대)로 피신했다. 오촌 당숙의 반대가 심했지만 잡혀가더라도 당숙에게 피해를 주지 않기로 약속하고 솔샘 뒤 산기슭 '선바위골' 초가집에서 살았다.

　서상륜 성도는 국내 선교 사명을 받고, 파송을 받아 국내로 들어와 동생과 함께 열심히 전도하여 **1883년 5월 16일 선바위골 예배처소에서 소래교회 설립 예배를 드렸다.** 소래교회가 안정적으로 성장해 가자 서상륜 성도는 파송 받은 사명을 기억하고 솔샘에서만 전

---

28)　숨겨진 한국교회사(김대인 목사)에서 발췌

도하지 않고, 서울 남대문 안에 거처를 정하고 서울에서도 전도하였다. 전도 대상자는 일차적으로 서울에서 상업하고 있는 고향 친구들이었다. 서상륜 성도가 전도한 13명의 개종자를 얻어 로스 선교사에게 세례를 요청하였으나 로스 목사의 입국이 정치적 상황 때문에 불가능하여 세례를 받지 못했다. 1884년 세례받기를 원하는 신자가 79명으로 증가하여 다시 로스 선교사에게 조선으로 들어와 세례 줄 것을 요청하였으나 이때도 뜻을 이루지 못했다.

이같이 서상륜이 열심히 전도하고 있을 때 1884년 가을 알렌 의료선교사가 입국하였고, 1885년에는 언더우드 선교사와 아펜젤러 선교사가 입국하였다. 이때는 이미 서울에 삼백여 명의 신자들이 있었으나 교회가 없어 정식 예배는 드리지 못했다.

이후 언더우드 선교사가 1887년 9월 새문안교회를 세울 때 백홍준과 함께 언더우드 선교사의 초청을 받아 참석하였고, 설립 교인 14명 중 서상륜 성도가 인도한 교인 13명이 창립 교인이었다. 언더우드 선교사는 "씨를 뿌려야 할 때 이미 열매를 거두고 있다."라고 본국에 보고하였다. 이때 새문안교회에서 백홍준과 함께 장로로 피택되었지만, 장로직을 가징직인 이유로 받지 않았다.

1887년 9월 27일(화) 새문안교회 창립 예배에 언더우드 선교사의 초청을 받고 참석하였던 존 로즈 선교사는 3년 후인 1890년 이렇게 회고하였다.[29]

"신약성경과 관련되어있는 연고로 나는 배편으로 서울을 찾아 갔다.(중략) 내 일생에 이 순간은 특별한 의미를 가지는 시간이었

---

[29] 「한국기독교교회사 1」에서 발췌

다. 나를 초청한 언더우드 목사는 그날 밤 일단의 작은 그룹으로 장로교교회를 조직하기 위한 자신의 한 작은 예배에 참석해야 한다고 나에게 알려주었다. 기쁨으로 그의 친절한 초대를 받아들여 어둠이 도시에 상당히 짙게 깔렸을 때 나는 언더우드와 그의 의사 동료와 함께 나섰다. 모든 동양의 도시와 마찬가지로 가로등이 밝혀지지 않은 황량한 대로를 가로질러 우리는 조그만 랜턴을 든 조선인의 안내를 받으며 좁은 통로를 지나 드디어 우리는 작고 개방된 안마당으로 안내 받아 들어갔다. 문을 두드리자 열렸다. 문창호지 창문에서 망을 보던 한 사람이 우리를 한 방으로 안전하게 모셨는데, 우리는 그곳에서 좋은 의상을 입은 지성인으로 보이는 14명의 사람을 발견했다. 이들 가운데 한 명은 세례를 받았으나 그날의 주된 업무는 이들 가운데 두 명을 장로로 선출하는 일이었다. 두 사람은 만장일치로 선출되었다. 이 두 사람(서경륜, 백홍준)은 우장에서 온 사촌이었다. 그들은 믿은 지 6년 된 신자들이어서 신앙의 첫 공동체를 이룰 수 있을 것이 확실했다. 또 그 교회를 조직한 14명의 세례교인 가운데 13명이 그 사람이나 그 뒤를 이어 봉천을 떠났던 다른 사람의 전도를 받고 회심한 이들이었다는 사실을 알았다. 그러나 내게 가장 흥미 있었던 사실은 그 도시에 300명이 넘는 같은 층의 그리스도인이 있었으나 여러 가지 이유로 그때에는 교회에 공개적으로 합류할 충분한 준비가 되어있지 않았다는 확신이었다."

그 후 게일, 마펫(S. A. Moffett) 선교사를 도와 평안도, 함경도 지방 전도에 동역하였다. 그는 1891년 새문안교회 신학반에서 공부하면서 1891년 미북 장로회로부터 전도인으로 위촉받고 지원을 받으며 경성지방뿐 아니라 부산에서도 전도 활동하였다. 그는 우리나라 기독교 역사상 위대한 전도자로, 교회 설립자로 길이 남을 업적을 남기고 1926년 79세를 일기로 하나님 품에 안기자 예수교장로회 총회장(總會葬)으로 장례를 치뤘다. 예수교장로회 총회에서는 1938년 8월 24일 그의 묘지에 화강암 기념비를 세우고 공적을 치하하였다.

## 4) 서상륜 성도와 선교사의 만남

### (1) 묄렌도르프와 밀수된 성경 6천 권)

서상륜 성도는 선바위골 예배처소에서 예배 모임을 매주 드리자 권서인(勸書人)의 소임을 감당하기 위해 선바위골 예배처소는 동생 서경조에게 맡기고 본래 목적지인 서울로 올라가 열심히 전도하고 돌아와 함께 전도하며 예배드리는 일이 지속적(持續的)으로 반복되었다. 서상륜은 가지고 있던 쪽 복음이 턱없이 부족하자 존 로스 선교사에게 싱경을 보내 달라고 비밀리에 부탁하였다.

1884년 봄 이성하가 만주에 있던 로스 목사로부터 서상륜과 인천 세관의 고문인 묄렌도르프(P. G. Mollendörf)에게 전달할 밀지를 가지고 서상륜을 찾아 의주에 왔다. 하지만 서상륜을 찾지 못하고 수소문하여 두 달 만에 황해도 장연군 대구면 소래(松川)에서 서상륜을 만나게 되었다. 서상륜은 로스 선교사가 보낸 편지[30]를 읽었다.

---

**30)** 「한국기독교100년」발췌

존경하는 서상륜 선생!

아무쪼록 주님의 크신 역사가 선생과 함께하셔서 보다 큰 능력이 나타나기만 바랍니다. 이 편지를 받는 즉시 동봉한 편지를 들고 제물포로 가서 그곳 세관장 묄렌도르프를 만나십시오. 그리고 내가 화물로 부친 조선어판 성경 육천 권을 수령하시기 바랍니다. -중략- 그러니 묄렌도르프 씨에 대해서는 조금도 염려하지 마시고 이 편지를 보이십시오.-중략-그러면 서상륜 선생의 더 적극적인 전도의 꽃이 조선 땅에서 만개할 날을 기다리며.

만주 우장에서 로스 올림

로스 선교사의 편지가 도착하기 전에 로스 선교사가 보내온 여러 상자의 성경책이 제물포 세관에 도착하였지만, 수취인을 알 수 없었다. 제물포 세관에서 이 수화물(手貨物)을 발송한 범인을 수색하고 있었다.

로스 선교사의 편지를 받은 서상륜은 송천교회의 일은 아우 서경조에게 맡기고 이성하와 함께 소래교회를 떠나 보름 만에 제물포에 도착하였다. 그들은 수소문하여 묄렌도르프의 숙소를 알아내고 아무도 모르게 밤에 찾아갔다. 묄렌도르프 부부는 밤에 찾아온 한복 입은 두 사람을 보고 경계의 눈빛을 보였다. 서상륜이 편지를 주며 만주 선양(瀋陽, 심양)에 계신 로스 선교사가 보내서 왔다고 하니 반갑게 맞아주었다.

묄렌도르프 세관장!

이 편지를 가지고 간 서상륜, 이성하 두 선생에게 본인이 발송한 조선어판 성경 6천 권을 전해 주시기 바랍니다.

세관장 묄렌도르프[31])가 신실한 기독교 신자인 부인과 함께 만주에서 돌아온 이성하와 서상륜이 전해준 편지를 받고, 서상륜과 이성하를 안심시켰다. 그리고 그날 밤 성경책을 가장 안전한 자택으로 옮겨 다락방에 숨겨 두었다. 이후 6,000여 권의 성경책은 비밀리에 서상륜과 이성하를 통해 송천교회와 황해도, 평안도 일대에 서서히 배포되었다. 참으로 놀라운 성령님의 역사를 깨닫게 된다.

## (2) 알렌 의료 선교사

조선의 세례요한이라 불리는 호레이스 뉴턴 알렌(Horace N. Allen) 박사는 1858년 4월 28일 미국 오하이오주 델라웨어에서 미국 독립의 영웅 이탄 알렌(Etthan Allen)의 후손으로 태어났다. 그는 1881년 오하이오 웨슬리안 대학교를 졸업한 후 1883년 마이애미 의과대학을 졸업하자 즉시 장로회 선교부로부터 중국 의료선교사로 임명받았다. 1883년 10월 11일 부인 메신저와 함께 상하이(上海)에 도착하였다. 1884년 동료 의료신교사 핸더슨(Henderson)의 제의를 받고 조선으로 선교지를 바꾸게 되었다. 알렌 박사는 제물포에 세관장 묄렌도르프 밑에서 사무를 보고 있는 친구 하스(Joseph Hass)에게 편지를 써 조선 입국 허가서를 받아 줄 것을 부탁했다. 하스는 묄렌도르

---

31)  청국(淸國)은 임오군란 이후 조선 정책에 적극 관여하게 되었다. 이때 이홍장은 조선 정부의 요청에 따라 청(淸)나라 주재 독일 영사관으로 근무하다 1869년 청나라의 세관리(稅關吏)로 전직하여 근무하고 있는 묄렌도르프와 청국인 마건상을 정부 고문으로 천거하였다. 1882년 11월 5일 입국하여 참의총리아문(參議總理衙門)의 참의(參議), 협판(協辦)에 임명되는 동시에 총 세무사가 되어 제물포 세관장으로 근무하고 있었다.

프를 통해 주한 공사 푸우트(L.H. Foote 1883년 2월 26일 임명)에게 부탁하여 주한 미국공사관의 공의(公醫)로 채용하게 되었다. 그래서 알렌 박사는 1884년 9월 20일 제물포항에 도착한 후 당나귀를 타고 서울에 도착하였다. 알렌 박사는 묄렌도르프와 푸트 공사의 도움으로 조선 주재 각국 공의를 겸직(兼職, 9월 그믐)하게 되었고, 집까지 마련해 주었다. 그의 부인 메신저는 11월 26일 입국하였는데 몹시 불안해하며 미국으로 돌아가겠다고 하였다. 그런데 그날 밤 쿵하는 소리가 나더니 알렌 선교사를 부르는 소리가 들렸다. 조심스럽게 문을 열어보니 조선인 두 사람이 서 있었다. 그들이 "저희는 서상륜과 이성하입니다."라고 말하자 알렌 박사는 들어오게 하였다. 메신저는 불안한 눈으로 바라보고 있고, 알렌 박사도 약간 경계의 눈빛을 보이자 이성하가 성경책을 내놓으며 "이것이 저희가 우장에서 로스선교사와 함께 찍어낸 성경입니다."라고 하였다. 그제야 알렌 박사 부부도 의심을 풀고 깊은 대화를 나누게 되었다. 자신들이 숱한 곡절을 겪으면서 전도하였음과 그 열매로 소래에 교회가 세워졌고, '황해도, 평안도, 서울32)에도 교인들이 많이 있습니다. 이들은 훌륭한 목자를 눈이 빠지게 기다리고 있습니다. 알렌 선교사님이 오신 것을 알고 기뻐하며 선교사님을 뵐 날을 간절히 기다리고 있습니다.'라며 시간 가는 줄 모르고 이야기하고 새벽에 헤어졌다.

이때 명성황후는 서양 의술과 서양인들의 기독교 포교를 잡기 위해 첩자를 배치하고 있던 때였기에 서상륜과 이상윤이 다녀간 것이 보고되어 알렌(조선명: 안연〈安連 안전하게 연결시키다는 뜻〉)을 잡아

---

32) 서울: 우리나라 수도 명칭인 서울은 순수한 우리말의 일반명사이다. 신라의 수도 서라벌, 고려의 수도 개성, 조선의 수도 한성도 서울로 불렀기에 서울로 명기한다.

오라고 하였지만, 민영익과 푸트의 노력으로 체포가 보류되어 더욱 조심히 의료선교에만 열중하며 선교사들이 대거 입국할 수 있도록 돕는 통로 역할을 하였다. 알렌 선교사는 고종황제를 도와 대한제국 (대한제국: 1897년 10월 12일-1910년 8월 29일)이 국제사회에 진출하는 데 결정적인 역할을 하였다. 또 갑신정변 때 개화파 자객의 칼에 맞아 죽게 된 민영익(명성왕후 조카)을 알렌 박사가 수술하여 살려줌으로 명성왕후까지 알렌박사를 신임하게 되었다.

이때의 상황을 그의 일기[33]에 이렇게 기록하였다.

"중상자는 이미 출혈이 심하고, 계속 피를 흘리고 있어서 빈사 상태였다.(중략) 오른쪽 귀측 두개골(頭蓋骨) 동맥에서 오른쪽 눈 두덩까지 칼자국이 나 있었고, 목 옆 경정맥도 새로운 상처가 나 있었지만, 경정맥이 잘리거나 호흡기관이 절단된 것은 아니었다. 상처는 등 뒤로 나 있었는데, 척추와 어깨뼈 사이로 근육 표피가 잘리는 깊은 상처가 나 있었다."

알렌 박사는 자신이 할 수 있는 모든 노력을 다해 치료해 주었다. 민영익의 깊은 상처는 명주실로 꿰매고 약을 발라 외상을 치료하며 3개월간 정성을 다해 치료해 주었다. 민영익의 외상은 놀랍게 치료되었다.

명성황후의 친정 조카인 민영익의 추천으로 알렌은 왕실의 시의

---

33) 「한국기독교회사 1」 발췌

1885년 설립된 광혜원

가 되었고, 10만 냥을 하사받았다. 이후 알렌 박사의 요청으로 1885년 4월 10일, 40병상을 갖춘 조선 최초의 서양 근대병원 광혜원(廣惠院, 후에 제중원으로 개명)이 개설되었다. 광혜원은 개화파가 몰락하며 몰수된 홍영식의 집에 세우게 되었다. 알렌은 왕족을 치료하면서 고종의 어머니를 진료하기도 했는데 환자가 커튼으로 가려져 있어 모습을 볼 수 없었고, 커튼 밖으로 내민 팔도 맥을 짚어야 할 부분을 제외하고 붕대로 감겨 있었다. 봉건적인 사회에서 남자 의사가 여자 환자를 치료하는 것이 무척 어렵다는 것을 알고 미국 선교부에 여의사 선교사 파송을 요청했다. 그리하여 1886년 6월, 여성 의료선교사 애니 엘러스가 서울로 오게 되었다. 애니 엘러스 선교사가 제중원에 근무하던 중 1887년 '정네'라는 다섯 살 된 여자아이를 데려와 정동 사택에서 기르면서 정동여학당(정신여학교로 개명함)을 개설하였다. 광혜원은 자연스럽게 조선개신교 거점이 되어 선교 효과를 극

대화시킬 수 있었다.

　알렌 박사가 언더우드(Horace Grant Underwood) 선교사와 아펜젤러
(H. G. Appenzeller) 선교사를 도와 선교 활동을 펼치도록 도움을 줘
지금은 한국의 세례요한이라 불리고 있지만, 서상륜과 교인들은 섭
섭했을 것 같다.[34]

　알렌은 1905년 을사늑약(乙巳勒約)으로 대한제국이 국가 신분을
잃게 되자 공사직에서 해임과 동시에 미국으로 돌아가게 되었다. 알
렌 선교사는 끝까지 대한제국을 위한 근대화 사업과 반일 친 대한
정책을 강하게 밀고 나가는 데 앞장섰다. 동료 선교사들과 본국 정
부와의 갈등과 불신에 시달리면서도 끝까지 물러서지 않고 일관되
게 헌신한 고마운 선교사이다. 알렌 선교사는 1932년 고향 오하이
오주에서 하나님의 부르심을 받았다.

### (3) 언더우드 선교사

　인더우드(Horace Grant Underwood) 선교사는 1859년 7월 19일 런
던에서 태어났다. 13세 때 아버지를 따라 미국으로 이민(移民) 가서
1881년 뉴욕대학을 졸업하고, 1884년 뉴 브런스윅(New Brunswick) 신
학교를 졸업 후 7월 26일 선교부에서 조선 선교사 1호 임명장을 받
았다.

　언더우드 선교사는 1909년 조선 선교 25주년 기념식 때 조선에

---

**34)**　참고문헌: 「김필례 그를 읽고 기억하다」, 「한국기독교회사」, 「한국기독교 100년」, 「장연군
기독교 120년사」, 「알렌, 현대 한국의 여명/민경배」

선교사로 온 동기에 대해 다음과 같이 자세히 언급하였다.[35]

"1882년과 1883년에 걸치는 겨울, 지금은 동경의 명치학원에 계시지만 그 당시에는 학생이었던 올트먼트 목사가 뉴 브룬스윅 선교지원자들을 모아 놓고 한 보고서를 읽어주었습니다. 그 보고서는 조약에 의해 서양세계에 마침내 문호를 개방하게 된 은둔의 나라에 관한 것으로 그

언더우드 선교사

분이 직접 작성한 것이었습니다. 천이백만 내지 천삼백만의 사람들이 복음 없이 살고 있다는 것, 교회가 문호개방을 위해 기도했고, 결국 1882년 슈벨트 제독을 통해 맺은 조약에 따라 문호가 개방되었다는 간단한 이야기를 들었습니다. 그럼에도 불구하고 교회에서는 선교를 위한 아무런 준비 활동도 없이 일 년여를 보냈다는 생각 때문에 저는 조선에 갈 사람을 찾는 일에 착수하기로 결정하였습니다. 저 자신은 인도로 부르심을 받았다고 믿고 있었고, 이런 신념하에 그곳에 갈 특별한 준비를 하기 위해 일 년 동안 의학 공부를 해온 터였습니다. 때문에, 저는 누군가 기꺼이 조선에 갈 사람이 달리 있으리라고 확신하였습니다. 그래서 저는 가능한 한 서둘러 조선에 갈 사람을 물색해 보았지만 한 사람도 발견하지 못한 채 1년이 흐르고 말았습니다. 조선에 선교사를 파송하려는 교회는 한 곳도 없었으며 외국 선교의 지도자들도 조선에 들어가기에는 아직 이르다는 글을 쓰고 있었습니다. '왜 너

---

35) 「한국기독교사 1」에서 발췌

자신이 가지 않느냐?'라는 메시지가 제 가슴에 울려 온 것은 바로 이때의 일이었습니다. 그러나 인도, 인도가 나의 선교 사명으로 알고 준비해 오던 일들이 떠올라 제가 조선으로 가고자 하는 길을 가로막았습니다. 저는 개혁선교부에 '조선 파송'을 두 차례 신청하였지만, 그들은 새로운 사업을 시작할 자금이 없다며 나의 청원을 거절하였습니다. 또 장로교에도 두 번 신청했으나 소용없는 일이라는 답변을 들었을 뿐입니다. 이렇게 조선으로 들어가는 문은 굳게 닫혀있고, 미국에 남아 있거나 인도로 가는 문은 넓게 열려 있는 것처럼 보였습니다. 그래서 저는 개혁교회 청빙 요청을 수락하는 서신을 써서 그것을 막 우체통에 넣으려는 찰나, '조선에 갈 사람이 아무도 없구나.'라고 탄식하는 목소리를 듣는 듯했습니다."

언더우드 선교사는 뉴욕에 있는 개혁교회 담임목사 청빙을 수락하는 서류 발송을 보류하고 그 길로 뉴욕의 센터 스트리트 23번지에 위치한 북장로교 선교부로 발걸음을 옮겼다. 문을 열고 들어가자 엘렌우드 박사는 반갑게 맞아주며 적극적인 시원을 약속했다. 1884년 12월 시카고에서 형과 작별하면서 조선에서 복음을 전하다 순교할 것을 각오하고 떠나니 다시 만날 수 없지도 모른다는 생각에 뜨겁게 눈물을 흘리며 선교의 길을 떠났다. 12월 16일 샌프란시스코항을 떠나 1885년 1월 일본에 도착, 그해 4월 5일 부활절 아침 제물포에 도착하였다. 언더우드(元杜尤) 선교사는 알렌 박사의 도움으로 왕립병원 광혜원(廣惠院, 세브란스 병원 전신)에 약제사로 들어가 의학대생들에게 의학, 물리, 화학 등을 가르쳤다. 학생들을 가르치며 자연스럽게 복음을 전했는데 이 사실이 고종에게 알려지게 되었다. 국법을 어긴 죄로 고종의 부름을 받고 입궐할 때 알렌이 동행하여 변호해 주어 위기를 넘겼다. 언더우드 선교사는 순교를 각오하고 복음을 전하겠다고 알렌과 의논한 후 길거리에 앉아 성경을 크게 읽는 것으로 노방전도를 하고, 1885년 6월 28일 저녁 8시부터 미국 선교사 6명이 모여 주일예배를 드리기 시작하였다.

언더우드 선교사는 1916년 세상을 떠날 때까지 선교사, 학자, 교육가, 성경 번역자, 편집자, 평화의 사도로 그가 이룬 업적은 한국교회에 놀라운 영향을 끼쳤음에 경의를 표한다.

서상륜 성도는 서경조, 최명오, 정공민 세 사람과 함께 언더우드 선교사가 1885년 4월 내한해 서울에 계신다는 소식을 듣고 서울로 올라가 세례를 받게 하였다. 언더우드 선교사는 길모어(G. W. Gilmore), 벙커(D. A. Bunker), 헐버트 세 사람으로 바깥 문을 지키게 한 후 방 안에서 세례를 베풀었다. 세례자들은 세례를 받을 때 **"예수님을 믿는 것이 발각되어 죽게 되더라도 믿음을 지키겠다."**라고 신앙고백을 하고 세례를 받았다. 소망하던 세례를 받은 세 사람은 벅찬 감격을 주체하지 못하고 서로 부둥켜안은 채 뜨거운 눈물을 흘렸다. 서상륜은 언더우드 선교사에게 소래에 예수 믿는 많은 신자가 있어 세례받기를 원하니 동행해 주길 간청하였다. 언더우드 선교사는 "외국인이기에 여행에 제한을 받아 갈 수가 없어, 때를 기다릴 수밖에 없다."라고 하였다. 서경조, 최명오, 정공민 세 명은 세례를 받고 즉시 매서직을 받아 전도에 나서게 되었다. 세 사람은 지역을 분담하여 서경조는 소래교회를 중심으로 해서지방을 맡기로 하였고,

최명오는 평양지방, 정공민은 의주지방을 맡아 열심히 전도하였다. 국제정세가 변하여 1882년 미국과 영국에 이어 1886년에 프랑스와 조약을 체결하여 외국에 문호가 활짝 개방되었다. 1887년 12월에 송천교회에서는 언더우드 목사를 초청하여 첫 세례식을 가졌다. 이 날 세례자는 서경조의 아들 서병호[36]가 유아세례를 받았고, 그 밖에 성경을 같이 번역한 백홍준 부인과 이성하 부인 등 7명이 세례를 받았다.

---

[36]  서병호(徐炳浩 1885년 7월 7일-1972년): 1885년 9월 언더우드 선교사에게 유아세례받음. 한국 최초 유아세례 교인. 해서제일학교, 평양대성학교, 경신학교 교사. 1914년 중국으로 망명. 대한민국 임시정부 제헌의정원 의원, 새문안교회 장로.

# 2.
## 소래교회 초대 장로, 초대 목사 서경조

서경조는 1852년 12월 14일 평안북도 의주의
명문 가정에서 태어났다. 그의 본명은 상우
(相祐)이고 경조는 자(字)이다. 아버지 서석순
(徐奭淳)은 불과 34세에 콜레라로 별세하셨고,
닷새를 지나 어머니까지 돌아가셨다. 그때 형
서상륜의 나이는 13세였고, 동생 상우는 10

서경조 장로

세였다. 그 후 형제는 할머니 슬하에서 자라며 서당에서 한학을 공
부하였다. 동생 경조는 종교적 감수성이 많아 20세 때 깊은 산속에
들어가 도학을 연구하고, 한때는 산신과 함께 살았다는 신화 같은
이야기도 전해 내려오고 있다.

### 1) 소래교회 설립

소래로 이주한 후 형과 함께 열심히 전도하여 1883년 5월 16일
선바위골 예배처소에 소래교회를 설립하였다. 1884년 로스 선교사

가 탁송한 성경과 "덕혜입문" 등을 형에게서 받고 열심히 탐독했다. 이때 성경의 진리를 깨닫고 믿음이 깊어졌다. 그러던 중 1885년 서울에서 전도 활동을 하고 있던 형 서상륜의 연락을 받고 상경하여 언더우드 선교사에게 세례를 받았다. 그는 세례받기 전부터 소래교회를 굳게 세운 평신도 목회자였다. 서경조는 1889년 매서인의 직을 받아 원산 위주 강계 등지에서 활동하던 중 서울 사경회에 참석하였다. **평신도 선교사 펜윅**(片爲益: M.E. Fenwick)**을 만나**게 되는데 조선 생활에 적응하지 못해 고국으로 돌아가겠다고 하자 매서 직을 그만두고 펜윅 선교사와 함께 소래로 돌아와 조선어를 가르치며 전도사업에 매진하였다.

1893년 조사(助事)의 직분을 받고 4월에 마펫 선교사의 권유로 부산으로 이주하여 베어드 선교사와 함께 수개월 양산 대구 안동 경주 상주 울산, 동래 등지를 순회하며 전도하였다.

이때 부산에서 대구 사람 김기원을 만나 전도하였는데 그가 대구 지역에서 아담스(J.E. Adams)의 조사가 되어 열심히 전도하였으며, 1986년에 대구 남성정교회의 조사로 섬겼으며 후에 평양신학교를 졸업하고 목회하였다.

이후 마펫 선교사와 함께 공주 청주 등을 순회하며 전도한 후 소래로 돌아와 소래교회를 튼튼히 세우는 것과 해서지역에 복음을 전하는 것이 사명임을 깨닫고 소래교회 목회에 전념하였다.

1894년 12월 캐나다 선교사 매켄지가 마펫 선교사의 편지를 가지고 와 조선어 교사가 되어달라고 부탁하여 함께 머물며 조선어를 가르치며 전도사업에 열중하였다. 동학란 때 매켄지 선교사와 슬기롭게 대처하여 전도의 열매를 많이 맺었고, 매켄지 선교사가 전도 여행에서 돌아온 후 과로와 열병으로 5일 만에 별세하였다. 선교사의 희생이 헛되지 않아 교회 부흥의 밑거름이 되어 교인들이 **금식기도, 새벽기도, 십일조조헌금**, 근검절약, 전도하는 풍토가 확립되었다.


## 2) 장로장립

서경조는 1895년에 예배당을 건축한 후 장로 장립을 받았다. 서경조 목사 자신이 이 일을 다음과 같이 기록하고 있다.[37]


> "**1895**년 가을에 원 목사가 내려와 교회 일을 처리하고 직분을 택할 때 **내가 장로 피택이 되고 김윤오**(金允五) **안제향**(安制鄉)**은 집사**가 되었다."


서경조가 처음으로 참석한 성경공부 모임은 1888년 서울에서 10여 명이 모여 한 달 동안 성경공부를 하였다. 이후 1890년 언더우드 선교사가 그의 사저에서 신학반을 창설하였다. 이는 조선 교인들이 가지고 있는 성경공부에 대한 열망과 복음 전도에 대한 열정을 보고 이들을 교육시켜 현지 사역자로 세우면 되겠다는 확신이 있었기 때문이었다. 서경조 성도는 이 모임에도 참석하여 많은 깨달음이 있었고, 체험하게 되었다. 1892년 새문안교회에서 개최한 사경회에도 형 서상륜과 함께 참석하였는데 모두 16명이었다. 1893년에 사경회에도 참석하여 성경 말씀을 배웠다. 열심히 성경공부를 한 서경조는 성경 지식이 풍부하여 훌륭한 성경 교사가 되었다.

---

37) 「숨겨진 한국교회사」에서 발췌

1901년 12월 26일자 '그리스도 신문'에 다음과 같은 기사가 실렸다.

"섭 목사가 두 달 전에 황해도를 내려가서 장연, 송천, 은률 여러 곳으로 다니다가 해주로 돌아와서 십오 일 동안 사경회를 하는데 오 목사와 그의 부인, 서 장로와 김홍경 씨가 가르칠 때 와서 공부하는 자가 사십여 명이었다. 또 그 해에 그 지방에서 성경 공부반이나 연수 강좌를 저마다 다른 지역에서 열두 곳에서 열기로 하고, 여섯 곳은 서 장로가 맡고 나머지 여섯 곳은 지도자들 가운데 가장 학식이 많은 김윤오 씨가 가르치기로 했다."

이 기사에서 서경조 장로와 김윤오 집사의 성경 지식과 복음 전파의 열정을 보게 된다.

## 3) 목사 장립

언더우드 선교사가 서울에서 시작한 신학반 싱경공부는 평신도 지도자를 양성하는 데 그쳐 조선 교회 목회자를 양성하지 못하고 있었다. 이때 마펫 선교사가 조선에 온 것이 1890년 1월이었다. 그는 선교지를 평양으로 정하고 전도 활동을 하고 있었다. 그러면서 조선 교회에 조선인 목회자의 필요성을 절감하게 되어 선교본부에 교역자 양성이 절실하다고 보고하며 신학교 건립을 요청하였다. 선교본부에서는 이를 허락하고 자금지원까지 약속하는 회신을 보내왔다. 이에 힘을 얻은 마펫 선교사는 1900년에 모인 합동 공의회의 의제가 되어 만장일치로 결의하고, '평양 공의회'에서는 평양에서 신학교육을 결의하였다. 이후 1901년 봄 마펫 선교사는 평양 장대현교회 장로 방기창·김종섭 두 사람을 목사 후보생으로 선발하여 자기 집에서 신학교육을 시작하였다. 1902년 신학과 5학년의 전 과목이 결정되고 '평양 공의회'가 추천한 길선주·양전백·이기풍·송린서 등이 추가 입학하면서 신학교육의 면모를 갖추게 되었다.

1904년에는 전 학년까지 이수한 6명의 학생이 3학년이 되었고, 17명의 학생이 지원하였지만 15명만 합격했다. 신학교는 활기를 띠었다. 같은 해에 편입생 두 명이 있었는데 서경조와 한석진이다. 이들은 조사(助事)로서 예비과를 마쳤을 뿐아니라 교회 시무경력과 학식이 처음 입학한 6명의 학생과 비교하여 전혀 손색이 없음을 인정받아 3학년에 편입하게 되었다.


### 4) 감사절 제정

1904년 9월 13일 서울 동현교회에서 소집된 제4회 조선예수교장로교 공의회에 장로 총대로 참석한 서경조 장로는 "조선에서 개신교가 흥왕해짐에 대해 감사하자."라면서 **감사절을 제정(制定)하자고 요구해 추수감사절이 제정**되어 그해 전국 교회는 일제히 1904년 11월 11일 감사주일을 지켰고 오늘날까지 지키고 있다. 그가 주창(主唱)한 감사의 이유는 조선에 복음이 전파되어 교회가 많이 설립되고, 많은 동포가 교회를 통해 구원 받게 된 것을 감사하여 감사절을 지키자고 앞장서 주장하였다. 이후 헌트 선교사가 타 교단과 협의하여 지키자고 개의하고 선출한 위원들이 감사주일을 계속 수정하게 된다. 1905년에는 11월 첫째 주일 후 목요일인 11월 9일, 1906년 11월 19일, 1908년 11월 마지막 목요일인 11월 29일로 정하여 지켰다. 1914년 제3회 총회록에는 "감사일은 양력 11월 제삼(第三) 주일 후 3일(수요일)로 한다. 이는 선교사가 조선에 시도(始渡)하던 날(日)을 의용(擬用)하기로 한 것이다." 결의하여 처음 감사주일이 변질되어 버렸다.

지금 한국교회는 이 감사 정신을 잃어버리고 신앙의 자유를 얻기 위하여 신대륙으로 건너간 청교도들이 일 년 농사와 소출에 감사하여 드린 감사절로 바뀌어 버린 것이 참으로 아쉽다. 한국교회가 하나님이 우리에게 육의 풍성한 삶을 허락하신 은혜에 감사하는 감사절이 아닌, 하나님께서 우리를 구원해 주신 구원의 은혜를 감사하는 한 차원 높은 감사절로 회복되기를 바란다.


## 5) 목회

그는 신학교에 다니면서 여러 곳에서 전도하여 많은 개척교회를 세웠다. 시경조 징모는 58세인 1907년 6월 20일 평양신학교 1회 졸업생으로 이때 졸업생은 서경조(58세), 길선주(40세), 양전백(39세), 송인서(40세), 한석진(41세), 이기풍(40세), 방기창(58세) 등 일곱 명이었다. 목사 장립식 때 마지막 축도를 서경조 목사가 함으로 **조선 최초의 축도자**가 되었다.

하나님께서는 조선 최초의 소래교회를 설립하고 복음 전파를 위해 최선을 다한 서경조를 기억하시어 평양신학교 1회 졸업생이 되게 하셨고, 조선 최초의 축도 목사가 되게 하셨다.

신학교를 졸업한 후 목사 안수를 받고, 소래교회에서 목회하며, 2년 동안 미국 선교사 샤프(Sharp)와 함께 장연, 옹진 등에서 전도목사로 활동하였다. 1910년 언더우드 선교사가 세운 서울 새문안교회에서 초빙하여 동사전도목사(同事傳道牧師)로 부임하여 새문안교회, 남대문교회, 고양, 파주, 교하, 통진, 김포 등지에서 전도하였다.[38]

이때 일을 "새문안교회 70년사"에는 다음과 같이 언급하였다.

"하나님의 도우심과 온 교우의 불철주야의 수고의 결정으로 마침내 1910년 5월 22일 주일에 준공되어 교인들은 새로운 예배당으로 옮기었고, 다음 주일인 5월 29일에는 헌당식을 거행하니 교인들의 기쁨은 비길 데 없었다. 그때 참석한 인원은 450명이었는데 그중 절반은 예배당 밖에 서 있었다. 예배당 건축자는 중국인 장(Harry Chang)이었고, 그때 우리 교회는 염정동(廉井洞) 예배당이라고도 부르게 되었다. 그러나 우리 교회의 기쁨은 그것만이 아니었다. 동년에 우리 교회는 언더우드 목사를 도와서 동역자로 평양신학교 제1회 졸업생인 서경조 목사가 동사 목사로 시무하게 된 것이다. 그는 조선 사람으로는 최초의 목사로서 언더우드 목사를 도와 일하였으며 그의 고향인 황해도 장연 송천에도 왕래하면서 목회를 하였다."

---

[38]  새문안교회(1887년 9월 27일 창립) 창립 70년사에 "1887년 봄 송천에 있는 기독 신자들이 서울에 와 선교회에서 세례 문답을 했을 때 그들은 확실한 신앙을 간증하며 그들이 여러 해 동안 믿어 온 것을 알고 선교회의 결의로 3인에게 세례를 주었다는 사실과 동년 가을에 언더우드 목사가 직접 송천에 가서 세례를 주었다."고 기록하고 있다.

서경조 목사가 새문안교회 시무하던 1910년 12월 18일 김규식을 장로로 세워 당회를 보강하였고, 1912년 10월 27일 차재명 조사를 장로로 세워 교회를 든든히 세웠다.

  1913년 62세에 새문안교회를 사임 후 건강상의 이유로 은퇴 후 소래로 내려왔다. 소래에 내려온 후 소래교회에서 목회하지 아니하고 조용히 예배에 참석하며 지냈다. 그 후 1917년 경기 충청노회에서 근로 은퇴 목사로 추대되었다. 서경조 목사는 은퇴 후 소래로 오셔서 살다가 독립운동을 하던 아들을 따라 중국으로 건너가 톈진(天津, 천진) 상하이(上海) 등지를 전전하시다 1938년 7월 27일 87세에 상해에서 주님의 품에 안겼다.

  부인은 황해도 백천 출신 민유신 사모이고, 슬하에 서광호(세브란스의전을 졸업하고 의사로 봉사함), 서병호(교육자, 독립운동가) 두 아들과 딸 서신영을 남겨두었다.

# 3.
## 이승철(李承哲) 목사
### (1915-?, 1937-1938년. 소래교회 목회)

이승철 목사는 1871년 10월 11일에 황해도 장연군 용연면 대화리에서 태어났는데 대구면 교평리 흰다리골로 이주하여 살았다.

**이승철 목사**

1894년 동학란 때 동학군들이 소래교회를 통해 목숨을 구하고 개종하여 예수 믿는 모습을 보았다.

또 같은 마을에 사는 이씨 가문의 어른인 동학 도접주 이돈선(이기선)이 언더우드 선교사에게 세례를 받고 장연 군청에 자수하여 참수형 선고를 받았다. 이 소식을 들은 매켄지 목사가 흰다리골에 찾아가 집안 어른들에게 구명을 요청하러 가려고 하니 이씨 가문의 대표 한 사람을 추천해 달라 요청하였다. 문중에서는 이승철을 대표로 추천하여 매켄지 목사와 함께 장연군수를 만나 석방을 요청하여 석방시키는 데 일조하였다. 이때부터 예수를 믿고 소래교회에 출석하며 신앙을 키웠다. 그리고 동네 어른들과 이웃들을 전도하는 데 힘써 소래교회 일군이 되었다.

이승철 목사는 집사로 봉사하다 **1908년 장로 장립**을 받고 더욱 열심히 봉사했다. 1909년 9월 3일 예수교 장로회 독노회(제3회)에 황해 대리회 장로로 참석하였다. **1910년에는 소래교회에서 세운 해서 제일학교 교장**으로 시무하며 많은 인재를 양성했다.

1912년 9월 1일 평양신학교에서 "조선예수교 장로회 창립총회"로 모였을 때 황해노회 장로 총대로 참석했다.

하나님의 종으로 헌신하기 위해 평양신학교에 입학하여 1915년 (제8회) 졸업했다. 그리고 그해 6월 24일 황해노회에서 목사 장립을 받았다.

이후 소래교회, 백촌교회, 서의동교회, 청산동교회, 장연읍교회 등에서 목회하였고, 장연성경학교 교장도 역임하였다.

1919년 3.1독립만세운동을 주도하여 해주감옥에서 1년 반 옥고를 치렀다. 1950년 6·25 전쟁 후 월남하여 안양 원로원에서 여생을 보내다 1967년 3월 5일 소천하셨다.

장남 이진회 장로는 해서제일학교 편에 소개하고, 삼남 이용희는 월남 후 흑석동교회 장로로 교회를 섬겼다.

# 4.
# 김응순(金應珣) 목사
## (1927년-?. 소래교회 목회)

김응순 목사는 1891년 황해도 장연군 대구면 소래에서 태어났다. 해서제일학교를 졸업하고, 1910년 경성 제1고등보통학교를 졸업, 일본으로 건너가 유학하고 고향으로 돌아왔다. 모교에서 8년간 교사 생활을 한 뒤 교장에 취임했다. 학생의 민족정신을 고취하며 애국심을 환기하였고고 암암리에 독립청년단으로 활약하다 왜경에 체포되어 1921년 청년단 사건으로 1년 반 옥고를 치렀다. 석방되었으나 일제의 탄압으로 다시 교단에 서지 못하게 되자 1923년 교역자 생활을 시작했고, 1927년 평양신학교(제21회)를 졸업했다. 같은 해 평양노회에서 목사 장립을 받고, 모교회인 소래교회를 시무했다. 이후 홍수원교회를 시무했고, 1936년 6월 14일 해주제일교회를 설립하고, 해주지방에 여러 교회를 세웠다. 1938년 평양기독교 친목회에서 일본을 방문하여 일본 교계 인사들과 교류하며 세뇌(洗腦)되어 27회 총회에서 신사참배를 결의하는 데 주도적인 역할을 했다.

# 5.
# 조응철 목사

## (?-1937년. 소래교회 목회)

조응철 목사에 대해 내가 기억하기로는 소래교회 희년감사예배 때 당회장으로 섬기셨는데 한경직 목사와 같이 미국에서 공부하고 돌아와 소래교회에서 목회하다 소래교회 아가씨와 결혼하였다. 노회에서 책벌(責罰)하여 목사 직분을 잃게 되자 목회하지 못하고 강원도로 가셨다는 소식만 들었다.

이때 잠깐 이승철 목사가 소래교회 당회장으로 섬겼다.

# 6.
## 허간(許侃) 목사
### (1939-1947년. 소래교회 목회)

허간 목사는 1885년 9월 1일 백령도에서 출
생했다. 교육가이며, 사회사업가인 허간 목
사는 12세 되던 1897년에 예수를 영접하고
언더우드 선교사에게 세례를 받아 백령도 중
화동(中和洞)교회 집사로 교회봉사를 시작하
였다. 청년 시절에 소래교회에서 세운 해서
제일학교를 졸업하고, 교사로 봉직하며 훌륭
한 인재를 많이 양성하였다.

**허간 목사**

1910년 한일합병 후 세부측량 때 일본 정부에서 백령도를 국유
지로 만들어 백령도 도민의 생활권이 박탈되는 위기에서 청년 허간
은 백령도 도민을 대표하여 정부를 상대로 5년간 재판한 결과 승소
하여 백령도를 다시 민유지화(民有地化)함으로 백령도 도민의 은인
으로 추앙(推仰)받았다. 1915년 11월부터 백령도 중화동교회, 사곶
(沙串)교회 조사로 목회를 시작하여 1917년 장연 태탄교회(苔灘教
會), 무산교회(茂山教會), 금동교회(金洞教會), 사동교회(寺洞教會), 가

당교회(柯堂教會) 등 5개 교회 조사로 시무하였다. 1919년 3.1독립 만세운동을 주도한 혐의로 2년 반 옥고를 치르고, 재령군 미생촌교회(美生村教會)에서 시무 중 평양신학교에 입학하였다. 1923년에 제16회로 졸업하고, 4월 9일 황해노회 임시노회에서 목사 장립을 받았다. 목사 장립 후에도 미생촌교회에서 시무하였고, 이후 상거동교회(上居洞教會), 강동촌교회(江東村教會), 태탄교회(苔灘教會), 이도교회(耳島教會) 등에서 목회하였다. 신사참배가 굴욕적으로 이루어진 1938년 황해노회장으로 피선되어 난국을 극복했다. 1939년 한국교회의 어머니 교회인 소래교회 담임목사가 되어 시무 중 1942년 반동사상가로 지목되어 교역자 예비검속에 걸려 옥중에서 고역 하였다. 1945년 8월 15일 해방을 맞아 석방되었다. 소래교회에서 시무 중 공산정권의 수립으로 목회자들의 감시가 심해지고 박해가 심해지자 월남하기로 결심하고 1947년 5월 23일 소달구지에 짐을 싣고 목동 우리 집(장철수 목사)으로 오셔서 밤에 뱃사공에게 부탁하여 백령도로 떠나도록 도와 드리고 나도 위험을 느껴 다음날인 1947년 5월 24일 밤에 월남하였다.

히간 목사는 백령도에서 도마스 전도 대원이 되어 옹진지구 여러 교회를 설립하고, 백령도 7개 교회가 연합하여 백령도 목회가 시작되었다. 1948년 황남노회를 창립하고, 백령도 성경학교를 설립(1948년 11월)하여 교장으로 봉직하며 교회지도자들을 양성했다.

1950년 6·25 전쟁 당시 공산군에게 체포되었으나 피살되지 않고 살아있다가 국군의 진격으로 자유의 몸이 되어 백령도 자체 치안책임자가 되었다. 그리고 전쟁고아를 위한 자육원(慈育院)도 운영하여 자선 구제에 앞장섰다.

1956년 황남노회장을 4회 역임하고, 봉사하며 이웃 섬에 여러 교회를 설립하였다. 1972년 3월 3일 87세를 일기로 소천하였다.

소래교회 당회록을 지참하고 월남하였는데 지금은 어디에 있는지 알 수 없어 참으로 안타깝다.

*나(장철수 목사)는 허간 목사에게 세례를 받고, 집사임명을 받았으며 두 아들(장정일 목사, 장형일 장로)은 유아세례를 받았다.

1971년 장정일 전도사가 백령도 하동교회에서 여름성경학교를 인도할 때 만나 인사드리니 반가워하시며 나의 안부를 물으시며 반가워하셨다고 전해주었다. 우리 가정과도 깊은 관계를 가졌던 목사님이다.

3장

# 선바위골[39] 예배처소

**39)** 편집자 주: 아버지의 증언과 「대구면지」「장연군 기독교 120년사」 참고

# I.
# 선바위골 위치

불타산 노용봉(盧龍峰) 아래 산기슭에서부터 대동만 해안까지가 소래마을(松川里)이다. 불타산은 소나무가 울창하였고, 특히 노용봉 아래 '선바위골'에는 기암괴석이 많아 풍경이 매우 아름다운 곳이다. 내가 해서제일학교에 다닐 때 학교에서 십 리쯤 떨어져 있는 이곳으로 여러 번 소풍 갔다. 이곳은 가난한 사람들이 '선바위' 주변의 산기슭을 개간하여 밭을 일구고 그곳에 집을 지어 마을이 형성된 '선바위골'이다. 선바위골은 화전민(火田民)들이 모여 만들어진 자생마을이기에 집들이 떨어져 있었다.

그러기에 외지인인 서상륜 형제가 숨어 살기에 적당한 곳이었다. 이들은 소래 북쪽 아주 구석진 은밀한 곳, 선바위골 외진 곳에 있는 초라한 초가집에 살며 예배드렸다. **이 예배처소는 피란 전까지 소래교인들이 기도처로 활용하였다.**[40]

---

**40)**   참고문헌: 「장연군 기독교 120년사」 참고

소래교회 유년주일학교 야외 예배(선바위골 1935.4.20)

'선바위골'에서 해변으로 3㎞ 정도 내려온 곳에 '구석몰'이 있다. 이 구석몰은 소래의 머리와 심장부 같은 곳이다.

서상륜 형제는 선바위골에 살면서 성령님께서 인도하시는 대로, 굿하는 집을 찾아가 조용히 기도하고 있으면 무당에게 귀신이 내려오지 못해 땀만 뻘뻘 흘리다 돌아갔다. 서상륜 형제가 집에 들어가 병세를 확인하고 중국에서 한약 행상을 하였던 경험과 우장(牛莊 우장. <牛庄 현재 사용하는 한자>)에서 장티스에 걸려 사경을 헤매고 있을 때 로스와 매킨타이어 선교사가 옆에서 극진히 치료하여 주었던 것을 기억하고 옆에서 기도하며 극진히 치료하여 병에서 회복되니 전도의 열매가 열렸다. 서상륜 형제는 이때부터 전도한 가정에 주거환경개선을 계몽(啓蒙)하여 청소를 생활화시켰고, 방에는 방바닥과 벽, 천정에 도배지를 바르게 하였다. 당시 조선인들은 흙바닥 위에 가마니 등을 깔고, 벽도, 천정도 흙이었기에 먼지 속에서 살았다. 그러기에 질병에 취약할 수밖에 없어 병에 잘 걸렸다. 그래서 자기 집을 먼저 도배하였고, 병든 자의 집도 적극적으로 환경을 개선하여 깨끗한 집에서 생활하게 하였다.

# 2.
## 설립교인 김성섬(金聖贍) 집사 전도[41]

'구석몰'은 아름드리 소나무가 울창하고 기와집이 많은 김 판서 일

---

**41)** 김성섬 성도 가계

장남: 김윤방(부인 김몽은, 민족계몽운동가)

　　첫째 딸 김함라〈교사, 남편 남궁혁 박사. 평양신학교 교수〉

　　둘째 딸 김미염〈의사, 남편 방합신〉

　　셋째 딸 김마리아〈독립운동가, 건국훈장 독립장 추서〉

차남: 김윤오(鄕長, 김용순으로 개명, 부인 김경애, 애국지사, 백범과 도산과 함께 활동)

　　외동딸 세라〈남편 고명우: 의사, 딸 고황경 박사: 서울여자대학교 설립〉

삼남: 김윤열(金允烈, 1891년 과거에 급제하고 돌아오는 길에 장티푸스에 걸려 사망하였다.)

사남: 김필순(의사, 안창호와 의형제, 독립운동가, 독살당함, 건국훈장 애족장 추서)

　　첫째: 김덕봉〈의사, 간도 용정 제창병원 근무〉

　　셋째: 김덕린〈중국 배우〉

장녀: 김구례(남편: 서병호〈서경조 목사 아들, 독립운동가, 임시정부에서 활동〉

　　아들 서재현 해군제독, 독립운동가.

　　손자 서경석 목사, 조선족교회 목회

차녀: 김순애(교사, 남편 김규식〈오빠 김필순의 친구, 파리강화회의 한국대표〉

　　셋째 딸: 김우애〈미국 예일대 교수〉

삼녀: 김필례(교육가, 남편 최영욱 박사 〈의사, 전남도지사, 6·25때 공산당에 피살〉

　　\* 참고문헌: 「김필례 그를 읽고 기억하다」, 「장연군 기독교 120년사」, 「대구면지」, 「신앙명문가, 장연군 소래 김성섬 가정/이상규」

가가 사는 부유한 마을이다. 이곳에 소래교회를 건축할 때 목재를 바친 김윤방 집사 일가가 살았다. 김윤방 집사의 조부는 부패한 정치에 도탄에 빠진 백성을 안타깝게 생각하여 이상촌을 건립하기 위해 중앙정부에서 판서(判書) 벼슬을 사임하고 낙향하였다. 서울에서 380리 떨어진 외진 곳이어서 교통이 불편하고 구석진 곳이지만 경치가 좋은 곳이었다. 김윤방 집사의 아버지도 할아버지의 유지를 받들어 좌수 벼슬을 사임하고 이곳으로 내려왔다. 그래서 김윤방(金允邦) 집사 집을 판서 댁 혹은 좌수 댁으로 불렀다. 지금은 옥토가 된 소래평야는 잡목만 우거지고 쓸모없는 땅이었는데 싼값에 사서 동네 사람들에게 품삯을 넉넉히 주고 개간하게 하였다. 그리고 농민들에게 소작을 시키고 소작료를 적게 받으니 인심을 얻게 되었다. 이렇게 돈을 모아 구석몰에 큰 기와집을 지어나갔다. 사랑방을 개방하여 서당(해서제일학교 전신)으로 제공하고 자녀들과 동네 주민들의 자녀들을 모아 공부시켜 믿음을 기초로 하여 학문과 애국심을 가르쳐 인재양성에도 힘썼다. 김 판서댁은 이 지역에서 존경받는 가문이 되어 그 영향력은 대단하였고 지역주민들은 "김 판서 댁"이라 부르며 존경하였다.

서상륜 형제도 자연스럽게 구석몰에 사는 김성섬(김윤방 집사, 김윤오 집사 부친) 댁을 방문하여 사랑방에서 학문을 토론하고, 선교사에게서 배운 영어, 수학, 물리학, 화학 등을 설명하여 서구 문명을 전하고 가까워진 후 자연스럽게 성경을 설명하며 전도했다. 김성섬(金聖贍) 집사는 서상륜 형제가 비밀리에 성경을 보급하고 가정에서 예배드릴 때 처음으로 예수님을 영접하였다.

# 3.
## 소래교회 설립예배

**소래교회는 1883년 5월 16일<sup>42)</sup> 18명이 선바위골 예배처소에 모여 설립예배를 드렸다.** 조선에 처음 세워진 소래교회의 기초를 놓은 설립 교인이니 복된 가정이다. 김성섬 집사가 예수를 영접하고 신실하게 신앙생활을 하자 자녀들도 예수를 영접하고 선교사들을 통해 서양 문물을 접하게 되어 한국교회와 나라를 위해 귀하게 쓰임 받은 명문가가 되었다. 소래교회에 다니면서 **'양반', '상놈' 차별을 없애고,** 서로 한 형제처럼 대했다. 그리고 **노비들을 해방**하며 농지를 주어 내보냈다. 이후에 소작농들에게도 농지를 나누어 주어 자급하며 살수 있도록 도와주었는데 김윤방, 김윤오 형제가 적극적으로 실행하여 더욱 존경 받았다. 머슴살이하는 농민들은 소래에서 머슴살이하고 싶어 했는데 이는 머슴을 인격적으로 대해줄 뿐 아니라 일주일에 하루를 쉴 수 있기 때문이었다.

---

42) 내가 소래교회 창립일을 1883년으로 확신하는 것은 당시 나는 해서제일학교 학생이었는데 1933년 희년을 맞아 새 예배당을 건축하고 희년 감사예배를 드릴 때 전국에서 자가용을 타고 오는 목사님들과 선교사님들을 보았고 예배 현장에 있었기 때문이다.

노비들을 해방하고 자립할 수 있게 도와준 것은, 바울 사도가 도망친 노예 오네시모 편에 빌레몬에게 편지를 보내며 그리스도의 사랑으로 받아 형제로 받아줄 것을 부탁하여 빌레몬이 오네시모를 믿음의 형제로 받아주었던 것만큼 놀라운 사건이었다.

**남녀차별도 없애** 여자아이들도 학교에 보내고 서울과 외국으로 유학을 보내 공부시켰다. 지역사회에 절대적인 영향을 끼치고 있었기에 소래교회에서 주관한 사회개혁도 쉽게 자리를 잡을 수 있었다. 이런 사실을 알게 된 언더우드(H.G. Underwood) 선교사가 1886년 의사 에베슨(O.R. Avison) 선교사를 대동하고 소래교회를 방문하였다. 그리고 김윤방 집사를 찾아가 기독교 복음과 왜 자신이 조선에 와서 기독교를 포고하는지를 자세히 설명하였다. 김윤방 집사는 크게 감동하고 신실한 믿음의 사람이 되어 집안사람들과 이웃 사람들을 전도하였다. 김윤방 집사는 언더우드 선교사 일행이 머무는 동안 사랑채를 제공하고 하인들을 통해 식사와 잠자리 정리까지 세심히 배려하여 불편이 없도록 했다. 언더우드 선교사와 에비슨 선교사가 선교하며 동네 사람들의 질병을 무료로 치료해 주고 위생 생활을 지도하니 소래교회는 비약적으로 부흥하게 되었다.

내가 해서제일학교를 졸업하고 심상공립소학교에 다닐 때 전교생 조회시간에 동방요배(일본천황을 경배하는 행위)를 하면 구석몰에서 다니는 학생들은 허리를 굽히지 않고 꼿꼿이 서서 동방요배를 거부하였다. 그들은 파출소로 끌려가 혼이 나고서도 동방요배 거부를 멈추지 않았다.

후에 동방요배 행위가 하나님과 국가에 대한 배신이요, 범죄임을 깨닫고 그들이 존경스러웠고, 참으로 부끄러웠다.

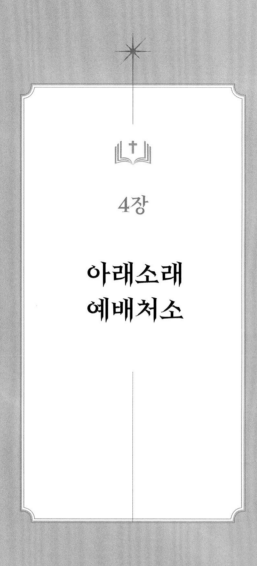

4장

# 아래소래
# 예배처소

# 1.
# 아래소래 위치

지리적으로 '구석몰' 아래에 '받뜸'과 '중뜸' 마을이 있다.

도로에서 볼 때 구석몰 오른쪽 아래에 있는 '받뜸마을'이 있고, 받뜸마을 아래는 '산막골'이고 산막골 아래는 '소래'다. '구석몰' 왼쪽 아래에는 '중뜸마을'이고, 중뜸마을 아래는 소래교회 첫 예배당이 세워진 '당골'이다.

당골에서 도로를 건너 100m 정도 내려오면 왼편이 아래소래이고, 아래소래에서 건천을 건너가면 솔샘이 있다. 소래에서 해안 쪽으로 가는 곳에 이촌마을, 덕촌마을이 있었다.

이곳을 찾아가려면 우리가 익히 알고 있는 장산곶에서 해안도로를 따라 금수리를 지나 태탄으로 가는 도로에서 소래 초입의 건천 위에 세워진 다리를 건너야 했다. 왼쪽 위 북쪽에 당골이 있고 당골을 지나가면 다시 건천이 나오는데 이 건천 위 다리를 건너가면 도로를 중심으로 소래마을이 형성되어 있었다.

소래마을은 김윤방 성도가 소유하고 있는 남산 아래까지 형성되었다.

# 2.
# 아래소래 예배처소

고종 23년인 1886년 "조불수호통상조약"에 교회 항목을 넣어 포교권을 인정하게 되었다. 이때 서경조 성도는 아래소래에 집을 사 이사하였고, 소래교회는 선바위골 예배처소에서 아래소래 예배처소로 내려와 자유롭게 예배를 드리고 전도 활동하며 사회개화운동을 펼치게 되었다.

아래소래 예배당은 '도로에서 내려가다 아래 동네로 내려가는 첫번째 집이 서경조의 집이었다.'라고 기록되어 있는데 대구면지에서도 아래소래 위치를 확인할 수 있었다. 이 집은 초가집이지만 대문 안에 넓은 마당이 있고 마당을 중심으로 "ㄷ"자 형으로 된 건물이었다. 건물 왼쪽에 안채가 있고 대문에서 정면으로 보이는 곳에 마루와 방이 있고 오른쪽에 사랑채가 있었다.

이 집은 예배당을 건축한 뒤 다시 민가로 개조해 살림집으로 사용하였다. "대구면지 편자(編者) 곽인식(郭仁植) 씨가 이 집에서 2년간 살았고, 최상은 면장 댁이 오래 살았던 집이다."라고 면지에 기록되어 있다. 아래소래 예배처소의 사진이 없어 참으로 안타깝다.

서경조 성도 가족은 형 서상륜 성도가 상경하여 전도 활동하고 있어, 형이 살고 있던 작은 기와집으로 이사하여 살았다.

소래교회는 선교사들의 실습 도장으로 이용되어 선교사들이 이곳을 방문하였다. 1887년에 언더우드 선교사가 소래교회를 다녀갔고 (이때 서병조가 유아세례를 받음), 다음해에는 언더우드와 아펜셀러 선교사가 함께 와서 세례를 베풀었다. 1889년에는 게일(J. S. Gale) 선교사가 와서 어학공부와 풍속을 익혔으며, 1890년에는 마펫(S. A. Maffette) 선교사도 다녀갔다. 이외에도 많은 선교사가 소래교회를 다녀갔다.

# 3.
# 신앙교육

## 1) 성수주일 장려

(일요일을 주일〈안식일〉로 변경)

소래교회가 실시한 신앙교육은 **성수주일**(聖守主日)이었다. 성수주일은 예수님이 부활하신 이후 제자들이 예수님이 부활하신 날 모이기 시작함으로 지속되었고, 칼빈주의 신앙의 뿌리이기도 하다. 소래교회에서는 하나님의 말씀대로 **일요일을 안식일로 정하고 "주일"**이라고 부르도록 하였다. 놀랍게도 소래교회는 선교사들이 지도하기 전부터 자립적으로 이 일을 시작하여 정착시킨 모범 교회였음을 알 수 있다.

백여 년 전 조선은 휴일의 개념이 없었던 때다. 농번기에는 열심히 일하여 월동준비를 마치고 추운 겨울이 되면 새끼 꼬고 가마니, 멍석, 짚신을 만들고 다음 해 농사 준비하느라 일꾼들은 하루도 쉬지 못했던 시절이었다. 농번기에 일주일에 하루를 쉰다는 것은 상상(想像)할 수 없는 일이었다. 그런데 소래교회는 성수주일(聖守主日)을 지켰으니 놀랍고, 자랑스럽다.

일요일을 거룩한 주일로 정하고 주일엔 일하는 것을 금지하였다. 명절 외엔 쉬는 날 없이 일해왔는데 일요일을 주일로 정하고 농사일을 쉬는 것이 쉽지 않았지만, 소래교회 교인들이 동참하기 시작하였다. 주일을 거룩히 지키는 일은 소래 일대의 전답을 많이 소유하고 있는 김성섬 성도 역시 쉽지 않았을 것인데 김성섬 성도가 참여함으로 일찍 정착될 수 있었다.

일요일을 주일로 지키며 안식하게 되니 농사짓는 일에서 일주일에 하루 해방됨으로 참 안식이 무엇인지 알게 되었다.

소래는 주일이 안식일로 일찍 정착되어 불신자들까지 일을 중지하고 쉬었고, 상점들도 문을 닫았다. 머슴들도 일손을 놓고 하루를 쉬었고, 소들도 한가롭게 엎드려 새김질하며 쉬었다. 하루를 쉬고 월요일부터 일하니 능률이 올랐다.

그리고 **수요예배, 새벽기도회, 11조헌금, 금식기도를 장려**하였다. 이때부터 소래교회에서 예배시간 30분 전에 종(징)을 치면 멀리 울려 퍼져 성도들이 예배당으로 올라와 예배를 드렸다. 그래서 소래는 제2의 예루살렘, 혹은 한국(조선)의 예루살렘이라 불려진 평화스러운 고장이 되었다.

소래교회 교인들은 주일을 거룩히 지키기 위해 엿새 동안 함께 모여 찬송을 부르며 더 열심히 일하고 주일에 가장 깨끗한 옷을 입고 온 가족이 함께 예배드리러 교회로 올라갔다.

소래뿐 아니라 우리 마을 목동에서도 안식일에 밭에 가려면 호미를 숨기고 몰래 밭에 가는 아낙네들을 가끔 볼 수 있었다.

소래교회 교인들이 느낀 안식일의 기쁨은 이스라엘 백성이 노예생활하다 해방되어 안식일을 지키며 느꼈을 감격과 같았을 것이다.

우리는 이 귀중한 안식일을 아무런 느낌도 없이 보내고 있지는 않은지 되돌아본다. 안식일을 하나님께서 얼마나 기뻐하셨을까? 지금 우리에게는 너무나 당연한 현상이지만 소래교회 교인들은 경험하지 못했던 주일 지킴을 하나님 말씀을 믿고 교회지도자의 지도를 따라 모세오경에 기록된 안식일 규례를 말씀대로 실천해 갔다. 그 결과 그해 가을의 풍성한 소득으로 하나님의 놀라운 복을 경험하게 되었으리라 확신한다.

이후 소래교회를 중심으로 그 지역에 놀랍게 퍼져갔음을 기록을 통해 확인하게 됨에 감사한다.

"안식일을 기억하여 거룩히 지키라."라는 하나님의 이 명령을 소래교회는 설립하면서 바로 지키도록 하였으니 놀랍다. [43]

소래교회 중심으로 호칭 변경이 일어났다. 믿는 성도들은 하나님 안에서 한 형제요 자매라는 설교를 듣고 양반·상놈의 벽이 허물어지고 자연스럽게 호칭이 바뀌기 시작하였다. 형님, 아우, 오라버니, 누이동생 등으로 불러 서로 아끼고 사랑하는 아름다운 관계가 만들어졌다. 이러한 호칭의 변화가 대구면에 자연스럽게 퍼져나가 동네가 변하게 되는 놀라운 역사가 일어나며 교회가 급속히 부흥되는 촉매제가 되었다.

---

43) 나도 고향 대구면 금수리 목동과 전남 해남군 원진교회에서 같은 경험(농번기에 온 교인이 안식하며 주일을 지킴)을 했으니 자신 있게 기록한다.

## 2) 사경회

소래교회는 사경회를 하였는데 일주일 정도 하는 것이 아니고 3주간을 해마다 동절기에 개최하였다. 초급, 중급, 고급반으로 나누었는데, 이 반은 사경회 참석 횟수에 의해 정해졌다.

서경조 목사는 1895년 소래교회가 예배당을 지은 후 언더우드 목사가 내려와 3주간 하였다고 하였고 또 해마다 각 군에 다니며 사경회를 삼 주일 동안 하여 교회가 왕성하였다고 하였다.

소래교회 교인들의 신앙생활에 대해 서경조 목사는 기록을 통해 우리에게 알려주고 있다. [44]

"이때 교우의 수가 이백여 명이라. 칭찬 안 할 수 없는 일이 몇 가지 있다.

첫째 금식기도니 금식하고 밤 새도록 기도함이오,

둘째 시제(施濟, 나누고 베푸는 일)니 교우들이 농사지은 것의 십일조를 교회에 바쳐 3, 4월 춘궁기(春窮期, 보릿고개)에 교회내외를 시제하고 개인으로는 서로 다투어 가며 남에게 뒤떨어지는 것을 부끄러이 여김이요,

셋째 근농(勤農)이니 송천은 본래 땅이 토박(土薄)하고 흔한 곳이라 동리가 극빈(極貧)하더니 교회가 선 지 삼사 년에 박토(薄土, 메마른 땅)가 옥토가 되고 전에 허비하던 술 과 노름과 위신(僞伸)하던 것을 모두 버림으로 풍족한 동리가 되니라.

넷째 열심히 전도하니 두 사람씩 자비로 책을 사서 각각 자기

---

**44)** 「숨겨진 한국교회사」에서 발췌

가 가고 싶은 곳에 가서 혹, 한 주일 동안 혹, 삼사일씩 그곳에 교회가 일어나도록 다녔으니 장연, 송화, 은률, 풍천, 문화, 옹진, 해주, 칠읍 경내 교회가 차례로 수십 처가 일어났는데 다 송천으로 말미암아 된 것이다."

위의 사실을 언더우드 선교사의 부인은 다음과 같이 기록하였다.[45]

"우리가 소래를 떠나기 전에 기독교인들의 연례 추수 감사절 예배를 올렸다. 사람들을 모두 수용하기에 교회가 너무 작아서 바깥에 천막을 쳤다. 가멸은(富, 풍성풍성하) 수확과 날로 늘어나는 재산에 대해 하나님께 감사를 드림과 아울러 하나님께서 주신 정신적인 수확에 대해서도 감사를 드렸다.

이 한 해 동안 이 작은 교회의 선교사(전도인)들과 일군들을 통해 그곳과 가까운 마을에서 이백오십 명이 넘는 사람이 세례를 받았다. 이것은 교리문답을 받은 사람보다 훨씬 많은 사람은 셈하지 않은 것이다. 그들은 자기들의 교회와 학교 교실을 늘리고 수리했으며, 교사용 주택을 지었고 전도사용 숙소와 먼 지방에서 안식일 예배를 드리러 오는 손님이 묵을 숙소도 지었다.

그들은 손이 큰 사람들이다. 인도에 기근이 났다는 소식을 듣자 그들은 오십 원에 이르는 돈은 거두었다. 그들의 하루 수입이 이십 센트를 채 넘지 않고 마을은 아주 작으니까 이것은 무척 큰 기부이다. 돈이 없는 여자들 몇은 연보 접시에 묵직한 은반지를

---

[45] 「숨겨진 한국교회사」에서 발췌

내놓기도 했다. 이 반지들은 대개 그들이 지닌 유일한 장식품이
자 가장 비싼 것이다. 그래서 이 반지들을 내놓았을 때 우리는 신
도들이 깊이 생각한 끝에 그것을 내놓은 것임을 알 수가 있었다.
그전 해에는 여러 지방에 심한 흉년이 들었었는데 소래는 많은
이웃 사람을 도와주었으니, 더욱더 큰 축복이 아닐 수 없었다."

소래교회는 선교사들의 헌신적인 봉사활동을 보며 예수님의 사랑
을 깨닫고 감격하여 그들의 사랑을 본받아 실천하는 신앙생활을 한
것을 알 수 있다.

# 4.
# 사회개화운동 실시
## (社會開化運動實施)

소래교회는 전도는 물론 우리 국민이 무지에서 벗어나려면 하루빨리 신교육을 받아야 하고, 사회개화운동을 시급히 일으켜야한다고 주장하고 실천하였다. 먼저 계몽운동을 시작하였는데 소래교회에서 세운 해서제일학교 전신인 소래학교가 김윤방 성도의 집에서 시작하였다. 예배당을 야학 또는 강습소 같은 장소로 사용하여 신교육도 열심히 가르쳤다. 1895년 교육령에 의해 서류를 준비하고 신청서를 제출하여 정식으로 인가를 받아 교명을 소래학교에서 해서제일학교로 바꾸었다.

### 1) 미신타파와 제사폐지

소래교회에서 추진한 사회 개화운동은 미신타파와 제사를 추도예배로 바꾸는 것으로부터 시작되었다. 조상 대대로 드리던 제사를 우상숭배로 규정하고 하나님의 계명을 범하는 큰 죄악임을 깨닫고, 제사를 포기하고 추도예배를 드리도록 하였다. 조선인으로서는 받아들이기 어려운 것이었다. 조상에게 제사를 드리지 않은 것은 가장 큰 불효라고 믿어왔기 때문이다. 그러나 소래교회는 김성섭 집사 가정에서부터 제사를 폐하고 추도예배를 드림으로 정착할 수 있었다. 또 소래교회에서는 우리 국민이 무지에서 깨어나는 일은 기독교를 통해 미신을 타파하는 일이라고 믿고 미신타파 운동을 시작하였다. 그리하여 소래를 중심으로 구습에 젖고 찌든 미신을 몰아내는 데 혼신의 노력을 기울였다. 강력한 저항과 난관에 부딪혔으나 기도하며 믿음으로 어려움을 극복하자 소래 지역부터 미신 풍속이 사라지기 시작하였다.

예수님께서 귀신 들린 두 사람을 고치신 일(마8:28-34)과 바울 사도가 귀신 들려 점치는 여종을 고치신 일(행16:16-18)이 떠오른다. 이런 놀라운 성령의 역사가 소래교회에서 일어났다. 소래교회에서 적극적으로 추진한 사회 개화운동 중 미신타파 운동이 제일 먼저 완료되었다.

서상륜·서경조 형제가 미신타파 운동에 가장 앞장섰다. 나는 이 글을 쓰며 믿음의 신조 서상륜, 서경조에게서 갈멜산 위에서 외롭게 그러나 당당하게 서서 외치던 엘리야의 모습이 겹치는 것을 느낀다. 지금도 당터에는 제사 드리고 무당들이 굿을 하는 신성한 당집이 있어 돌 하나도 함부로 옮기지 못하는데 그때는 훨씬 더 엄격하게 신성한 곳으로 여기고 두려워하던 곳이었다. 그런데 서경조 성도는 우상은 아무것도 아니며, 귀신도 예수그리스도 이름 앞에 무릎 꿇고 쫓겨나는 것을 잘 알고 있었다. 그래서 소래에 굿하는 집이 있으면 소래교회 믿음의 용사 서경조와 성도들은 그곳에 가서 떠들지 않고 당당히 서서 간절히 기도하였다. 그러면 무당은 신이 내리지 않아 굿을 하지 못하고 예수쟁이를 욕하며 떠났다. 이때 서경조 성도는 그 집 주인에게 "무당이 믿는 신을 꼼짝 못 하게 하시는, 내가 믿고 섬기는 예수님을 믿어라."라고 전했다. 그러나 영적 전쟁은 한동안 계속되었다. 더 용한 무당이 와서 다시 굿하다 망신당하고 떠나가기를 반복하며 마귀와의 전투는 계속되었다. 최후의 전투는 동네에서 드리는 당제에서 결판이 났다. 이때는 용하다는 큰 무당들이 다 모여 왔고 동네 사람들도 다 모였다. 이때의 전쟁은 '여호와와 바알 중 참신이 누구인가?' 확인하였던 엘리야의 갈멜산 전쟁과 동일하였을 것이다. 그러나 성령의 능력이 강하게 임하시니 무당들은 마을에서 무서워 떨며 도망하게 되었고, 성령님의 임하심으로 소래교회는 승리하게 되었다. 그 결과가 동네 유지들은 '무당들이 섬기던 귀신을 꼼짝 못 하게 하는 하나님을 섬기는 예배당'을 이곳에 건축하는 것이 당연하다고 의견을 모은 후 당터를 소래교회 예배당 터로 무상으로 주어 예배당을 건축하게 한 것이다. 이후 추진 중이었던 사회개혁운동은 힘을 얻게 되고 놀라운 성과를 거두었으며 교회가 지역사회에 선한 영향을 끼칠 수 있었다. 나는 어려서부터 대구면에서 굿하는 모습을 보지 못하였고, 피난 내려와 남한에서 지나가며 보았다.

## 2) 양력 지키기

소래교회에서는 제사와 밀접한 관계가 있는 음력을 폐지하고 양력 지키기 운동도 펼쳤다. 소래교회는 음력을 철폐하고 양력을 지키기로 결의하고 모든 행사와 절기를 양력으로 지키도록 계도(啓導)하고, 세배도 양력설에 하도록 하였다. 초창기에는 달력이 없어서 애로가 많았다. 그래서 날짜를 정하는 기준을 동지에 두고 동지 지나고 사흘이 되면 성탄절이고, 성탄절이 지난 일주일 후면 양력 정월 초하루로 지켰다는 기록이 남아 있다. 지금 계산해도 날짜가 꼭 그렇게 된다니 놀랍다.

해서제일학교에서는 양력 1월 1일에 학생들이 등교하여 신년 예배를 드리고 교장과 선생님들에게 세배를 드리고 지방 유지들에게 세배를 드렸다. 이때부터 송천에서는 양력설을 지키는 것이 자연스럽게 정착이 되었다. 참으로 양력이 한국에서 가장 먼저 정착되었음을 알 수 있다.


### 3) 단발과 유색 옷 장려

소래교회에서는 미신타파운동과 병행하여 단발과 유색 옷 장려하는 사회개혁운동을 펼쳤다. 우리나라의 전통적인 머리 모양은 처녀 때는 머리카락을 자르지 않고 자라는 대로 길게 땋아서 빨간 댕기로 묶거나 땋아 내렸다. 결혼하면 처녀 때 긴 머리카락을 땋아 올렸다. 그래서 머리를 올렸다는 말은 신부가 되었다는 말의 대명사가 되었다. 남자의 머리 모양도 여자들의 머리 모양과 비슷하였다. 총각도 처녀처럼 뒤로 땋아 길게 내렸고, 결혼하면 머리 위로 올려 상투를 틀었다. 이런 머리 모양은 양반가의 자녀들에게는 아름다울지 모르나 하루 종일 논밭에서 일하는 서민에게는 가꾸기도 어렵거니와 비위생적이요, 비생산적이었다. 평생 자르지 않고 기른 머리카락을 감기도 어렵고, 땋는 것도 힘들고, 일하는 데 거추장스러웠다. 머리카락을 며칠에 한 번 감았을까? 나도 어릴 때 여자아이들이 긴 머리카락을 참빗으로 빗으면 머릿니가 많이 빗겨 나오는 것을 보았다. 정말 비위생적이었다. 이 폐단을 잘 알고 있는 소래교회에서는 1884년부터 단발을 장려하고 삭발하게 되었다. 소래 사람은 선교사들이 단발하여 기름을 바르고 단정하게 넘긴 모습을 보며 부러워했을 것이다. 대구면은 다른 지역보다 단발 장려 운동이 빠르게 확장되고 정착되었다.

예부터 내려오는 우리나라 부녀자들의 의복은 저고리, 치마, 속바지, 속옷, 허리띠, 버선 등 여러 가지로 아주 불편하고 번거로웠다. 그래서 소래교회를 중심으로 부녀회에서는 이 불편한 의복을 개선하도록 계몽한 결과 개선된 여자 옷은 흰 저고리에 검정 통치마로 아주 편리하고 위생적이라는 평이 나 신여성들에게 큰 인기를 얻게 되었다.

국민 개화는 생활개선이 선행되어야 한다는 신념하에 상투를 생명처럼 중히 여기던 구한말임에도 불구하고 단발과 유색 옷을 입도록 권장하고 솔선수범하도록 지도해 황해도 해서지방이 많이 개화되게 되었다. 안창호 선생을 특별히 초청하여 계몽 겸 시국강연회를 열기도 하였다. 이렇게 교회가 앞장서 실천하며 노력하니 벽촌이지만 새로운 문물에 제일 먼저 눈을 떴다.

이렇게 개화가 시작되면서 남녀관계 풍습도 변하기 시작하였고, 소래교회에는 남자석(男子席)과 여자석(女子席)의 칸막이를 1920년대에 과감(果敢)하게 철거하였다.

1925년경부터 소래에서는 양복과 구두가 유행하였고, 시계도 갖게 되었다. 결혼식 풍속도 1920년대부터 서구식으로 변하기 시작하였다. 남자는 연미복을 입었고, 신부는 드레스를 입고 면사포를 썼으며, 신랑 신부 다 같이 2명의 들러리가 있었다. 우리 부부(장철수 목사, 이연봉 사모)의 결혼식(1938년 12월 2일)도 서구식으로 치렀다.

### 4) 개량농사법과 펜윅 평신도 선교사

특이한 것은 소래교회에 초교파적으로 선교사들이 와서 언어를 배우고 풍속을 배웠을 뿐 아니라 자기의 재능을 소래교회를 통해 전파하였다는 것이다.

펜윅 선교사는 캐나다 토론토에서 농부의 아들로 태어나 5세 때 부친이 별세한 후 계속하여 가업인 농사에 종사하다가 18세 때에는 자신이 직접 농장을 경영하였다. 그는 깊은 신앙적 분위기에서 성장하며 복음선교에 대한 열망을 가지게 되었다. 스코틀랜드의 매킨토시(D. M. MacIntosh) 목사와 열정적이었던 그의 어머니의 신앙지도를 받으며 자랐고, 나이아가라 사경집회 때 신앙지도를 해 준 고든(A. J. Gordon) 목사에게서 침례교 신앙을 물려받았다. 그는 평신도 전도자로 자처하며 해외 선교는 상상도 못 했다. 또 사신은 정규 학업을 받지 못했기에 선교사로서는 부적절하다고 믿고 있었다. 그러나 벅차오르는 선교사명 의식을 감당치 못하고 마침내 "찌그러지고 녹슨 깡통이지만 죽어가는 영혼에게 생명수를 운반해 줄 수 있다"라는 확신을 갖게 되었다. 신학교육을 받은 바도 없고, 목회자도 아닌 펜윅은 1889년 7월 조선선교를 결심하고 떠났다. 농부 출신인 침례교 펜윅46)(M.C Fenwick. 片爲益, 1863-1935) 평신도전문인 선교사는 서울에 10개월간 머물면서 조선어를 배우고 있을 때 서경조를 만나게 되었다. 펜윅 선교사는 성품이 비타협적이고, 고집스러워 어학 선생들과 원만한 인간관계를 유지하지 못하여 누구도 그에게 접근하려 하지 않아 고립된 상태였다. 이러할 때 펜윅 평신도 선교사가 서경조에게 접근하자 언더우드 선교사는 서경조에게 펜윅을 조심하라고 하였다. 서경조는 펜윅 선교사의 딱한 사정을 들은 후 도와주기로 결심하고 1890년 초 펜윅 평신도전문인 선교사를 소래로 데리고 갔다. 펜윅 선교사는 소래에 정착하여 서경조의 어학 지도를 받으며 소래 지역주민들에게 새로운 개량 농사법을 가르쳐 주며 선교하였다. 펜윅 선교사는 평신도 선교사인 자신을 반갑게 맞이해 주는 소래에서 조선의 한복을 입고, 음식도 주민들과 같이 먹고 초가집에서 기거하며 전도했다.

펜윅 선교사는 고국에서 가져온 여러 가지 농산물 씨앗과 꽃씨를 심으며 실제로 과수, 채소, 화초 등을 재배하는 기술을 가르쳤다. 이렇게 농민들과 같이 생활하며 복음을 전하니 감동하고 교회에 나오는 사람들이 점점 많아졌다.47)

---

**46)** 캐나다 토론토 마크햄에서 농부의 아들로 출생, 1886년 평신도로 선교사명 받음, 선교단체의 지원을 받지 못하고 몇 명의 실업인이 모여 조선연합선교회를 구성하여 1893년까지 지원 약속. 1889년 12월 8일 평신도 선교사로 제물포로 입국, 정동에서 조선문화와 언어를 배움, 펜윅 선교사는 긴박한 종말신앙을 가지고 있어 세상 문화를 배타적인 태도로 받아들이도록 하였다. 다른 선교사들과 다툼이 있었다. 1890-1893년 소래에서 언어와 풍속을 배우며 사역, 1893년 캐나다로 귀국, 고든 목사에게서 3년간 신학공부 후 목사안수 받음, 다시 입국하여 원산에서 1896년 산업농장을 세워 수준 높은 생산으로 전도활동, 한국 침례교 창시자, 1935년 72세에 주님의 부르심을 받을 때까지 후원단체 없이 독립된 선교를 하였다.

**47)** 참고문헌: 「대구면지」, 「말콤 펜윅 선교사와 한국 침례교회」, 「장연군 기독교 120년사」. 참고

펜윅 평신도 선교사는 새로운 농사법으로 직접 재배하며 시범을 보인 것에 대하여 그의 글에서 다음과 같이 기록하였다.[48]

"다음 해, 봄 서울을 떠나 소래로 올 때 데트로이드 형제들이 보내준 여러 가지 씨와 미국의 수도에서 보내온 묘목들을 가져왔고, 이것들을 주택 곁의 채소밭에 뿌렸다.

그리하여 채소밭을 만들었는데 소래 사람들은 서양 선생님이 옷을 벗고 일하는 것을 큰 충격으로 받아들이고 있었다. 그 이유는 동양의 관습으로는 훈장이나 선비는 그들의 손으로 노동을 하는 것이 아니기 때문이다."

## 5) 구미포 선교사 휴양지와 명사십리 해수욕장

구미포는 소래에서 정남쪽으로 3㎞ 거리에 있는데 구미포 해변에는 명사십리 해수욕장이 있었다. 교통이 불편하여 찾아오는 외지인이 없어 알려지지 않아 숨어있는 보석과 같은 피서지였다. 그러나 이웃 마을 소래에 자생적으로 교회가 세워지사 선교사들이 소래교회를 찾아와 선교 훈련을 받게 되었다. 맨 처음 이곳에 찾아와 그 절경을 보고 선교사들의 휴양지로 개발하기로 착안한 선교사는 언더우드였다. 그는 봉대의 절경을 보고 1900년 여름에 가족을 데리고 피서를 왔다. 이후 선교사는 외국인이기에 토지를 매입할 수 없어 정부로부터 봉대 지역 사용권을 취득하였다. 서양식으로 별장을 짓기 시작하여 선교사들의 왕래가 빈번해지자 그 이름이 널리 알려지

---

48) 「숨겨진 한국교회사」에서 발췌

게 되었다. 구한말(舊韓末) 미국인 선교사 언더우드 목사가 피서지 총 책임자가 되어 약 70채의 별장을 봉대 지역에 세웠으며 매년 6월부터 9월 사이에는 국내는 물론 중국, 일본 등지에서 외국인 피서객들이 몰려왔다. 자가용 승용차를 타고 휴양지로 오는 선교사들의 모습은 동경의 대상이 되었다.

선교사 휴양지인 봉대의 지형은 동쪽은 평지로 구미리와 접하여 있고, 남, 서, 북쪽은 5~30m 높이의 해변 낭떠러지로 둘려 있어 그 절경이 감탄을 자아내게 하는 절묘한 경치이다.

봉대의 별장지대는 해상에서 보면 기암괴석으로 이루어진 낭떠러지가 마치 새의 부리처럼 높고, 봉대 안에서 보면 아주 평탄한 고원지대 같이 보인다. 봉대 별장지대 안에는 봉대[49](烽臺)가 있는데 지름이 2.5m, 높이가 약 5m 정도의 우물 형으로 피난 올 때까지 원형 그대로 있었다.

봉대 별장지대 안에는 3만 평가량의 잔디 위에 6홀 골프장과 별장을 제외하고는 수령이 100년이 넘는 노송이 빽빽하게 하늘을 찌르고 있어 장관을 이루고 있었다. 골프장에는 골프가방을 들어주는 소년이 있었는데 그들을 캐디라고 불렀다. 선교사들은 그들을 잘 대해주었고, 골프장 밖으로 나간 골프공을 주워오는 아이들에게도 팁을 주었다. 그리고 선교사들이 구미리에서 생산되는 농산물을 비싼 값

---

49) 봉대: 봉화대, 황해도지에 의하면 임진왜란이후 수군절도사가 있는 수영〈水營, 해군기지〉 소속하에 있는 봉대가 장연군에 5개소가 있었다.

에 사주어 선교사[50]들의 인기가 대단하였다.

봉대 별장지대에서 서쪽으로 내려오면 명사십리 해수욕장이 있는데 아래소래 옆 솔샘에서 솟아오른 샘물이 흘러 내려가다 모인 무당소에서 봉대 방향으로 흐르다 해수욕장으로 담수(湛水)가 흘러내려 해수욕을 마치고 샤워를 할 수 있어 편리했다. 담수천 주위에는 노송이 울창하여 시원한 그늘을 만들어 주어 편히 쉴 수 있는 백사 청송(白沙 靑松)이 보기 좋게 어울려 참으로 아름답다. 이곳 해변 모래는 옥가루(玉粉)인지 금가루(金粉)인지 구분하기 어려울 정도로 아름답고 깨끗한 모래벌판이 곱게 펼쳐져 말 그대로 명사십리(明沙十里)다. 명사십리 해수욕장은 서쪽에 육도(목동섬)가 있고 목동섬에서 목동까지 줄등(자갈길)이 있어 큰 파도를 막아주고 동쪽으로는 선교사 별장지대인 봉대가 튀어나와 파도가 멈추게 하여 자연적으로 모래가 쌓이는 곳이다.

봉대에서 금수리까지 4-5㎞ 해변에 흰 모래가 펼쳐있어 명사십리라 부른다. 마치 비단필처럼 길고 넓게 펼쳐진 흰색의 모래판. 이 명사십리 해수욕장 모래판이 아침 햇살을 받으면 눈이 부실 정도로 모래 빛깔이 반사하여 금빛처럼 반짝반짝 빛이 났다. 명사십리 백사장에서 시원한 바닷바람을 안고, 끝없이 펼쳐진 모래를 맨발로 밟으며 거닐면 마치 흰 설탕을 밟고 걷는 기분이 들어 소래 봉대 피서지에 온 선교사들에게는 값없이 주는 멋진 선물이 되었다. 언덕엔 소나무

---

**50)** 20-30대 젊은 선교사 가족들의 모습은 젊은이들에게 선망의 대상이 되었다. 그들이 단발을 하고 아름다운 옷을 입고 지내는 모습에 젊은이들은 완전히 매료되었다. 이와 같은 주변 환경 때문에 송천교회를 중심으로 일어난 사회 개화운동이 빠른 시일에 이루어졌다.

구미리에서 목동 해안 명사십리에 핀 해당화 꽃나무 숲

가 울창하게 서 있고, 모래언덕엔 해당화가 아름답게 피어있는 풍경을 보며 맨발로 걸어가고 있는 나의 모습을 회상해 본다.

명사십리 해수욕장은 내 고향 목동까지 연결되어 있었는데 해변에는 해당화가 떼를 지어 피어나 참으로 아름다운 해수욕장이었을 뿐만 아니라 물이 맑아 한길 속에 기어 다니는 가자미와 게를 볼 수 있었다. 수심이 얕아서 100m 이상 들어가도 바닷물에 허리까지 잠기고, 파도가 잔잔하여 전혀 위험하지 않아 어린이들도 안전하게 해수욕을 즐길 수 있었다. 통일이 되면 이곳이 피서지로 제일 각광(脚光)을 받으리라 확신한다.

해수욕장에서 외국인이나 우리나라 사람이 함께 어울려 해수욕을 즐겼다. 외국인들은 남녀노소 모두 화려한 해수욕복을 입고 색이 있는 안경을 쓰고 해수욕을 하고, 일부는 요트를 가지고 와 요트놀이를 하며 즐겼지만 우리는 바지를 입고 들어가 그들을 구경하는 것이 해수욕이었다.

명사십리 해수욕장은 모래벌판을 스치고 넘나드는 조수(潮水)는 민물과 썰물의 차이가 심해 해변경치가 정말 아름다웠다. 썰물 때 멀리 나가 해변경치를 바라보면 놀라운 풍경에 감탄이 절로 나오는 세계 제1의 해수욕장이다. 혹자들은 한국의 3대 해수욕장으로 구미포 명사십리 해수욕장과 강원도 원산 송도 해수욕장, 부산 해운대 해수욕장을 꼽는데 나는 명사십리 해수욕장을 으뜸으로 꼽는다.

옛날 조선시대에는 서해상의 명승지 몽금포에서 구미포(명사십리 해수욕장이 포함) 일대가 국방(國防)상 요쇄지로 중요시되어 수군이 주둔하여 국방(주로 청국의 불법 침략, 중국 어선의 조업을 방지하기 위한)을 견고히 하던 지역이기에 휴양지로 찾는 이가 없어 알려지지 않고 개발되지 않은 보석 같은 곳이다. 일제 말에는 이 해수욕장의 모래가 규사(硅砂)이기 때문에 유리와 사기그릇의 원료로 쓰기 위해 화물 기선이 쉴 틈 없이 왕래하며 실어갔기에 일제 강점기에도 해수욕장으로 사용되지 않았다.

언더우드 선교사가 이곳에 올 때는 육로로 가면 자동차로 하루를 달려도 해주까지밖에 못 가서 육로보다는 제물포에서 자동차를 배에 싣고 가는 해로를 많이 이용하였다. 장연군은 소래교회로 인해 믿는 성도들이 많아 성도들을 말씀으로 양육하며 전도에 힘쓰셨기에 봉대에 있는 휴양지는 밤에 편히 쉬면서 주님과의 만남을 조용히 갖게 되니 하나님 나라 확장에 큰 거점이 되었다.[51]

---

51) 「대구면지」, 언더우드 선교사 아들 원일한(元一漢) 박사 「나의 이력서」 참고

구미포 해수욕장 외국인 피서객들

소래봉대와 피서별장지대

# 5.
# 동학란에서 구원[52]

교조(教祖) 최제우를 비롯한 동학의 지도자 위치를 차지하게 된 계층, 즉 동학의 접주들은 한결같이 전통적인 양반 사회를 부정하고 타락한 유교 윤리를 비웃으며, 침투해 오는 외세를 몰아내어 "보국안민"(輔國安民)의 터전을 마련해야 한다고 믿었다. 그들이 순수한 종교적인 입장에 설 때는 동학의 접주에 지나지 않았으나, 그들이 현실적인 농민의 입장에 섰을 때는 농민봉기의 영도자가 되지 않을 수 없었다. 그들의 교단적 세력 배경은 자연 발생적인 민란을 보다 조직적인 투쟁으로 이끌어 갈 수 있있다. 동학은 그 속에 내포된 예언사상에 의해 혁명적인 성격을 지닐 수 있었으며, 또 민족 종교적 성격에 의해 외세에 대한 저항의 전열에서 척양왜(斥洋倭)를 외치며 나섰다.

---

**52)** 「대구면지」, 「황해노회 100회사」, 「장연군 기독교120년사」 「한국교회사 1」「숨겨진 한국교회사. 민족교회의 발생」

## 1) 동학란에서 소래교회 구원

청일전쟁이 일어난 직후(1894년)에 도처에서 동학이 일어나 서양인 배척의 구호를 내걸고 예수교를 핍박하기 시작하였다.

장연지역 동학군은 기세가 매우 강하여 장연읍을 습격하여 군기고를 탈취하여 총검으로 완전무장을 하여 기세가 충천하니 많은 남자가 동학당에 가담하였다. 어떤 사람들은 동학당으로 활동하며 주일에는 소래교회에 출석하여 교인으로 행세하였다. 이때 소래교회는 수백 명으로 교인 수가 급증하였다.

동학군의 해주 접주 김원삼이 동학군을 이끌고 서양종교를 믿는 지도자 서경조와 서양인 메켄지, 그리고 소래교회 교인들을 처치하러 30리 밖까지 진격해 왔다는 소식을 들었다.

이 소식을 들은 소래교회 성도들은 모두 예배당에 모여 한마음으로 하나님께 간절히 기도했다.

기도하던 서경조는 죽음을 각오하고 분연히 일어나 소래를 향하여 오며 이웃 동네에서 작폐가 적지 않은 동학의 두목 김원삼을 찾아갔다. 이때 동학의 두목 김원삼은 자기가 죽이려 하는 서경조가 자기 발로 찾아옴을 보고 깜짝 놀라지 않을 수 없었다. 두 사람은 자리를 같이하고 동학대전(東學大典)의 진리에 대해 깊이 토론했다. 김원삼은 자신도 완전히 해석하지 못하는 동학의 경문을 서경조가 해석하는 것을 보고 서경조에게 머리를 숙일 수밖에 없었다. 그래서 김원삼은 동학군들에게 "소래의 서경조와 메켄지를 안전하게 보호하라."고 훈령을 내리고 소래를 침범하지 않고 곧바로 후퇴했다.

한편 동학을 토벌하는 지방군인들도 이 사실을 알고 소래를 침범하지 아니하고, 소래 방향으로 오지 않고 돌아갔다. 이 소문이 장연군에 퍼져 소래교회는 동학당과 관군으로부터 안전한 피난처가 되었다는 소문을 듣고 소래로 피난 오는 백성들이 많았다.

"죽으면 죽으리라"던 에스더와 같은 믿음으로 무장하고 적진에 뛰어든 서경조의 믿음의 승리가 송천을 제2예루살렘으로 변화시키는 역사를 이루게 하였다.

당시 서경조가 남긴 글을 통해 살펴본다. [53]

"동학당이 금년 겨울에 크게 일어나 장연읍을 치고 병기를 탈취하며 방백과 군수를 사로잡아 무법천지가 되어 민간의 곡식을 모으고(集穀), 엽전을 모으고(集錢), 억지로 도를 가르치니(勒道) 각 동의 남자들은 태반이 동학당이 되었다. 이때 내 집에서 수십 명이 모여 예배를 드리는데 몇 명은 동학에 다니며 매 주일 같이 예배하는 것이 좌우를 관망하는 모양이었다. 이때는 동학의 세력뿐인데 서양인과 서경조를 죽이려 한다는 소문이 하루도 그치지 아니하니 그 위험을 견디기 힘들었다. 김 목사(메켄지 선교사)와 같이 피난힐 빙법을 의논하였으나 수륙(水陸) 간 십리를 벗어나 피할 곳이 없음을 알고, 김 목사와 내가 죽기를 각오하고 두려움 없이 전도하였다. 하루는 우리를 죽이려고 해주 동학군이 황혼에 삼십 리 밖까지 왔다는 소식을 듣고 한 사람과 같이 등불을 들고 동학군 진영으로 갔다. 동학군의 우두머리들이 모여있는 곳으로 들어가 인사한 후 나를 죽이려는 이유와 여러 가지 문제

---

53) 「숨겨진 한국교회사 김대인 저」에서 발췌.
**증손자들을** 위해 읽기 쉽도록 현대어를 사용했다. 이해를 구한다.

를 토론하였다.

　우두머리 김원삼이 동학대전(東學大典, 천도교전)을 내어놓고 나에게 보라 하거늘 내가 한 장 반을 보고 덮어 놓으니 '왜 안 보고 본 것을 알겠느냐?' 하거늘, 내가 '사람이 만든 책을 사람이 알지 못하겠느냐?'고 대답하였다. 그러자 김원삼이 **'네가 본 중에서 아양숙기(兒養淑氣)를 알겠느냐?'**고 질문하였다. 내가 나는 알고 있으니 먼저 해석해 보라고 대답하였다. 김원삼이 설명하기를 '갓난아이의 맑은 기운을 그대로 기르라'고 하거늘 내가 크게 웃으며 '그같이 무식한가. 자고(自古)로 갓난아이의 맑은 기운을 그대로 기른 자가 누구인가? 성인이 요순부터 공자에 이르기까지 누가 능히 그렇게 기른 자가 누구인가 사람이 능히 못 할 글은 유불여무(有不如無, 있으나 마나)와 같다'고 하니 김원삼이 '서 선생은 어떻게 해석하느냐?'라고 다시 물어보았다. 내가 **'아양숙기의 뜻은 사람의 맑은 기운을 갓난아이 보양(保養)하듯 하라'**는 뜻이라고 대답하였다. 김원삼이 듣고 무릎을 치며 '과연 대선생(大先生)이로다. 천도(天道)하는 대선생이로다.' 하고 음식을 대접하며 '해주 동학군은 염려하지 말라 내가 중도에 사람을 보내 불러오리라.' 하니 이 사건은 장래 교회의 큰 관계를 갖게 되었다. 이튿날 인근 각 동 접주에게 지휘하여 **'송천에서 양인과 서경조를 극진히 보호하라'** 하달하였다. 다음날 내가 다시 가서 종일 담화하다가 석양에 작별하고 나오니 두 늙은이가 들 밖까지 나와 전송할 때 내가 수풀 머리에 서서 두 늙은이의 옷 소매를 잡으며 '이것이 웬일이오, 무리를 많이 모으며 군고를 타파하고, 병기를 탈취하여 총검을 가지고 인민의 곡물을 늑탈하니 어찌하려 하시오.' 하니 두 늙은이가 12월 석양에 떨며 내 말을 듣고 놀라는 얼굴로 '왜양(倭洋)을 배척하고자 함이라.'라고 대답하여 내가 '왜 서양을 배척하려고 합니까? 지피지기(知彼知己)하여야 승리할 수 있는데 자기도 모르고 적도 모르면서 어떻게 이길 수 있습니까? 오합지중(烏合之衆, 까마귀 떼처럼 아무런 통제도 없는 무리)이 일만이라 하여도 진멸되리라. 지금 일본병과 강화병이 이미 출발하여 각 요로를 막았으니 부중지어(釜中之魚, 가마솥 안의 물고기) 신세이니 멸문지화를 당할 것이오.'라고 말하니 내 손을 잡고 '어떻게 아느냐?'라고 물어보기에 내가 '신문을 보고 있으니 10일 전 일은 알고 있소.'라고 대답하였다. 두 늙은이가 '어떻게 해야 하오? 동학의 일은 내가 생명으로 보호하리니 우리의 생명을 구해 달라.' 하거늘 내가 '이 일은 내가 할 수 없는 일이나 듣는 대로 알려줄 터이니 추운데 들어가라.' 하고 돌아왔다. 다음날 김 목사와 함께 진영으로 가 대화를 나누고 존경함을 많이 받고 돌아왔다. 이 일 후 동학에 참여하며 주일에 예배를 드리던 사람들이 다 같이 와서 예배를 드리니 매 주일 3~40명이 되었다.

　이때 본군에서 병대를 조직하여 동학을 토벌할 때 장연 군수와 협의하여 소래 근동에 동학에 참여하지 아니한 사람과 예배하는 사람들은 침범하지 말라(勿侵)는 공문을 받았고, 형 서상륜은 서울 법부대신(法部大臣) 서광범에게 완문(完文, 조선시대 관부에서 증명, 허가, 인가, 명령 등을 발급하는 문서)을 받아 경병(京兵, 서울의 군사)를 막게 하였다. '본군 군사 우두머리(슈長) 노성학은 의주 사람으로 전에 선양(瀋陽, 심양)에서 라 목사에게 세례를 받은 사람이오, 나와도 친분이 있어 내게 편지를 보내 '군대(兵隊)를 이끌고 소래에 들어가면 민심이 어지러워(紛擾) 질 것 같아 가 뵙지 못하고 강변으로 돌아가니 용서하라.' 하였다.

1895년 매켄지 목사(1894년 2월 3일 소래에 도착)의 일기에 다음과 같이 적고 있다.

"동학 농민혁명군의 침입이 더욱 무서워져 1894년 성탄절 예배는 드리지 못하고 지냈으며 금년 마지막 날을 볼 수 있을까?" 또 "동학군들은 지난여름에 프랑스인 예수회 신부 한 사람을 사형시켰다. 나의 운명도 그와 같으려니 하고 생각하고 있다. 동학군이 사방에 흩어져 있어서 숨는다는 것은 불가능하다. 그들이 주야로 사방을 포위하고 있어 그들의 눈을 피하여 220마일이나 떨어져 있는 한양으로 간다는 것도 불가능하다."라는 내용이 담겨있어 당시의 심각성을 보여주고 있다.

이 사건에서 나는 전율이 일어남을 느꼈다. 구약성경 에스더에 기록된 사건과 일치되는 사건이 소래교회에서도 동일하게 일어남을 보니 놀라울 뿐이다. 하나님께서는 하만의 손에서 유대 백성을 구원하셨던 것처럼 동학 김립사의 손에서 구원을 얻게 하셨으니 얼마나 놀라운 사건인가? 청일전쟁 때는 교회가 동학도들을 예배당으로 피신시켜 살려 주었다.

그 결과 청일전쟁(1894년 6월~1895년 4월) 이후 하나님 구원의 역사를 체험한 소래마을에는 58세대가 살고 있었는데 그중 50세대의 어른이 모두 교인이었다고 하니 놀라울 따름이다.

## 2) 매켄지 목사 동학 해서지방 도접주 이돈선 구명

1894년 2월 3일 소래에 도착한 매켄지 (William J. Mckenzie, 1861-1895.7.23. 금세<金世>) 목사는 선교하면서 조선말을 배우기 위해 이미 교회가 세워진 송천으로 오게 된 것이다. 서경조 성도와 교인들이 반갑게 맞이해 주었고, 조선어와 풍습도 알려주었다. 당시 동학당의 거물로 해서지방을 총괄하는 도접주는 이

매켄지 선교사

돈선씨였다. 그는 흰다리(白橋里, 소래에서 남산을 넘어가면 교평리 흰다리 마을이다.) 마을에 살고 있었다. 매켄지 목사는 이분을 전도하기 위해 수차례 만나 전도하였으나 뜻을 이루지 못했다. 이때 동학란이 전국적으로 일어나자 조선 조정에서 동학당 체포령이 내려졌다. 이 체포령으로 인해 이돈선 도접주가 숨어 지내다 언더우드 선교사가 소래교회에 와 세례를 준다는 소식을 듣고 소래교회에 와 언더우드 선교사를 만나 기독교 교리를 듣고 신앙을 고백한 후 세례를 받았다. 얼마 후 그는 죽을 각오를 하고 자수하여 장연읍 관가로 압송되었다. 도접주 이돈선 성도가 법에 따라 사형신고를 받고 사형집행이 얼마 남지 않았다는 소식을 들은 매켄지 목사는 이돈선 구출을 결심하고, 이씨 문중에서 대표자를 물색하였다. 이때 대표로 나선 분이 이승철[54] 청년이었다. 매켄지 목사는 이승철과 동행하여 장연읍으로 들어갔다. 사정을 알아보니 참형 직전이었다. 매켄지 목사는 이승

---

**54)** 이승철(李承哲): 1871년 10월 11일 출생. 1894년 소래교회 등록. 1908년 장로. 1910년 해서제일학교 교장. 1912년 총회 창립 때 유일한 장로 총대. 평양신학교 졸업<8회>. 3.1운동 주모자로 1년 6개월 옥고. 장연읍교회 외 13개 교회 시무. 장연성경학교 교장.

철을 대동하고 관가로 들어가 백방으로 교섭하여 참수형 직전 이돈선 씨를 구출하였다. 이 일이 후 이씨 문중에서 교인이 많이 생겼고, 특히 이승철은 신학을 하고 소래교회에서 두 번째 목사가 되었다.


### 3) 소래교회에 내걸린 성 조지 십자기[55]

한국기독교 역사에서 처음 등장한 깃발은 최초의 자생적 민중 교회인 황해도 장연군 대구면 소래교회의 옛 사진에서 확인된다. 소래교회는 만주의 초기 개종자 서상륜이 1883년 5월 16일 동생 서경조와 함께 황해도 장연 소래에서 전도해 세운 우리 민족의 첫 자생적 토착 교회다. 사진 속 예배당은 한국교회의 원형적 이미지인 이 교회당에는 오늘 우리에게 익숙한 첨탑(尖塔)이 없다. 대신 낯선 깃발의 게양이 생경한 풍경으로 다가온다. 하늘을 찌를 듯 장대에 걸려 나부끼는 깃발은 당시 조선인에게는 낯설기만 한 십자문양이었다.

"성 조지의 십자기"(St. George's cross). 이 낯선 깃발은 그리스도의 십자가 희생과 이를 통한 구원, 진리의 궁극적 승리를 표현하는 기독교의 상징이었고, 이 땅에서 선포된 새로운 복음의 시그널이었다.

소래교회에 '성 조지 십자기' 깃발이 내걸리던 시기는 한반도에 전쟁의 암운이 짙게 드리워진 때였다. 1884년 갑신정변 실패 이후 일본 세력의 힘이 약화되고 청국이 조선에 대한 종주권을 과시하던 시기, "척외양이(斥外洋夷)"의 기치를 높이 세운 조선 민중이 동학농민혁명으로 봉기했다. 조선 정부는 농민군 진압을 위하여 청나라에 출병을 요청했고, 청국의 조선반도 출병에 일본도 침입하여, 결국 조

---

55) 「뉴스앤조이」에서 발췌

선에 대한 주도권을 놓고 벌인 청일전쟁(1894년)이 시작되었다. 이 전쟁으로 조선의 민중은 생명과 재산을 빼앗기고 전쟁 공포에 쫓겨 피난처를 찾아 길을 나서야 했다. 전쟁이 길어지면서 숱한 민중은 강제로 전투에 투입되거나 병참 지원에 동원되어 죽거나 다쳤다. 여성과 노인, 아동들은 굶주림과 질병, 강간과 죽임의 공포에 그대로 방치되었다.

이렇게 1894년 동학농민혁명과 청일전쟁이 진행되는 과정에서 동학도들에 대한 색출이 극심하던 상황에서 도피 중이던 동학도들은 선교사의 거처나 교회에 몸을 숨기는 일이 잦았다. 그들은 지푸라기라도 잡는 심정으로 교회를 향해 몰려들었다.

마펫(S. A. Moffett. 마포삼열) 선교사의 편지 내용이다.

"전투는 9월 15일에 벌어졌다. 피난을 가지 못하고 남아 있던 불쌍한 조선인들은 놀랐고 그중 반은 죽거나 도망쳤다. 평양에 남아 있던 교인 대부분은 예배당에 모여있었다. 그들은 함께 주님께 보호해주시기를 간구했다."

(S. A. Moffett's letter to Dr. Ellinwood, Nov. 1, 1894 중에서)

평양에 진주한 일본군은 교회의 재산은 보호해주겠다고 약속했다. 기독교 선교사 본국과 미국 등과의 외교적 관계, 아시아에서 주도권을 확보하기 위한 유화정책의 일환이었다. 청일전쟁을 겪은 민중에게 교회는 생명과 재산을 지킬 수 있는 피난처의 의미로 각인되었다. 심지어 서양 세력 척결을 기치로 내세웠던 동학도들까지 성조지 십자기가 세워진 교회로 숨어들었다. 당시 교회는 외국인의 영역이자 치외법권적 지대라는 인식이 널리 확산되었기 때문이다.

　　"이 무렵 교회 입구에 십자가 혹은 '성 조지 십자기'를 내거는 사례가 생겼다. 치외법권(治外法權) 구역임을 표시하는 상징이었다. 황해도 소래교회의 '성 조지 십자기'는 유명하다. 매켄지 선교사가 교인들과 함께 구덩이를 파고 장대를 세운 후 십자기를 게양했는데, 십자기는 동학군에게도 효력이 있었다. 십자기가 게양된 지 오래지 않아 동학군들이 지나가다가 깃발을 보고 외국인을 만나러 왔다. 그 후 동학군 접장과 지도자들이 매켄지를 찾아왔고, 그 답례로 매켄지도 동학군들이 사는 마을을 방문했다."

　　　(E. A. McCully, A Com of Wheat or the Life of Rev. W. J. McKenzie,
1903, 154-155)


　매켄지 선교사는 기독교와 동학을 구분하는 동시에 주님의 도우심을 바라는 상징물로 교회와 모든 성도의 집에 "성 조지 십자기"를 달 것을 제안하였다. 이 사실을 1894년 12월 12일에 기록한 그의 일기에서 볼 수 있다.

　"성 조지 십자기"와 함께 예수의 기(旗)를 세우기 위해 깃대를 세우자고 말하자 저들은 약간 떨어진 곳에서 나무를 찍어다가 깃대를 세우고 기를 게양한 후 십자가의 깃발이 조선의 모든 골짜기에 나부끼게 되기를 기대하면서 찬송을 부르며 종일 그 기를 빙빙 돌았다. [56]

---

56) 「숨겨진 한국교회사」에서 발췌

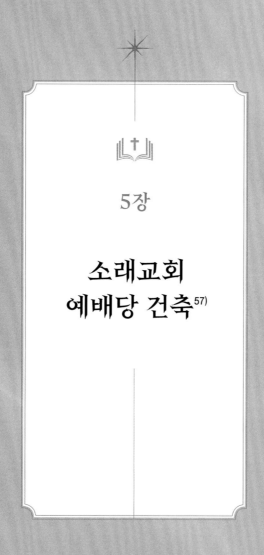

5장

# 소래교회 예배당 건축[57]

---

57) 「한국기독교회사 1」, 「대구면지」, 「황해도 교회사」, 「장연군 기독교 120년사」, 「한국기독교 100년」 참고

음력을 폐하고 양력을 지키며 제사를 지내지 않고 무당과의 영적 전투에서 승리하니 소래는 **미신에서 해방**되었다. 또 성수주일을 지키며 안식하게 되니 **노동에서 해방**되었으며 **동학란과 청일전쟁에서 구원**(목숨을 건졌고)이 일어났다. 또 동학군은 소래교회로 숨어들어와 **동학도들을 구원**한 역사가 소래교회를 통해 일어나니 무당들의 소굴인 당터에 소래교회를 세우는 쾌거를 이루었다. 소래에 큰 구원이 이루어짐을 본 마을 유지들이 이 '당터'에 예배당을 건축하도록 소래교회에 기증하여 느티나무와 소나무를 베어내고 이곳에 예배당을 건축하였다. 나는 셋째 아들 장성일 장로가 가져온 위성 지도를 보며 송천교회 예배당과 해서제일학교 위치, 새 예배당 위치를 자세히 설명해 주었다.

몽금포에서 금수리를 지나 소래로 가면 소래 초입 도로변에 학교 운동장이 있다. (위성지도에 나타난 운동장은 크기가 많이 큰데 이 운동장보다 건천 옆이다) 학교 운동장과 도로 사이에는 프라타나스 나무를 심어 전형적인 시골 학교 풍경 그대로였다. 운동장 위 서쪽에 예배당이 있고, 조금 떨어져 해서제일학교 건물이 있고, 예배당과 해서제일학교 사이의 길을 지나 북쪽에 새 예배당이 있었다. 새 예배당에서 길을 따라 불타산 방향으로 약 500m 정도 올라가면 매켄지 선교사님의 묘지가 있었다. 일제가 종교탄압을 심하게 할 때 이 비석을 없애라고 해, 할 수 없이 비석(앞면엔 약력, 뒷면엔 성구 요12:24를 새김)을 땅에 묻었다가 해방 후 다시 제자리에 세웠다. 나도 학생 때 이곳에 여러 번 가서 보았다.

'당골(골: 마을)'은 서쪽에 건천이 있어 계곡이 있는데 이 건천에 있는 다리를 건너와 비탈길을 올라가면 북쪽에 형성되었다. 아름드리 느티나무가 있고, 소나무가 울창하여 대대로 무당들이 살며 마을의 공동제사를 드리던 마을이다. 당제를 드리는 신성한 곳으로 여기던 곳이기에 평민들이 가까이하지 못하던 곳이었다. 구미포에서 올라와 남산 서쪽에 있는 소래마을을 벗어나 서쪽으로 약 200~300m 정도 떨어진 지점에서 도로 위 북쪽(불타산 방향)이 당골이다. 당터에 소래교회 예배당을 건축하였고, 예배당 동쪽에 해서제일학교를 세웠다. 학교 운동장에서 도로를 건너 100m 정도 내려가면 소래(松川)의 근원인 솔샘(松泉)이 있다. 이 솔샘을 기준으로 보면 소래교회 위치를 알 수 있다.

소래(松川)의 근원인 **솔샘**(松泉)은 불타산(608m)에서 지하 수로를 통해 5~6㎞ 이상을 흘러오다 소래교회 지하를 통과하여 바다 쪽으로 내려오다 도로를 건너 약 100m 아래에 소래 샘에서 솟아올라 흘러내리고 있었다. 이 샘을 ㄷ자 모양으로 돌을 쌓아 물이 잘 흐르도록 하였는데 폭이 약 2m 정도였다. 소래교회 지하를 통과하여 솔샘에서 솟아오르는 이 샘물이 풍부하여 송천평야를 적시어 가뭄에도 물 걱정하지 않고 농사를 지었다. 이 소래(松川)는 3~4㎞를 흘러 구미포 해수욕장으로 흘러들어가 수영하는 피서객들도 소래 물을 이용하여 샤워를 할 수 있었다.

소래교회 위치는 신앙의 뿌리를 찾아 우리 가문의 자손들이 소래교회를 복원할 때 귀중한 자료로 사용할 수 있도록 특별히 자세히 기록한다.

송천(松川)의 순수한 우리말은 솔샘(松泉)이다. 솔 샘이 솔 내로 변하고 다시 소래로 변했다. 순수한 우리말인 소래를 일제가 쉬운 한자인 송천(松川)으로 바꾸었다. 하나님 은총의 상징인 솔 샘은 소래교회 지하를 통과하여 솔 샘에서 솟아올라 소래 평야를 풍요롭게 하였다.

참으로 놀라운 것은 하나님 은총의 상징인 샘(泉)이 소래에만 있는 것이 아니고 나의 고향인 목동에도 하나님께서 목동교회 지하를

통과하여 목동 샘(牧洞 泉, 牧者들의 泉)을 해저 자갈밭에서 솟아오르게 해 주셔서 때(썰물 때)를 따라 생수를 마시며 살게 하셨고 병자들이 치료 받아 회복하는 신비하고 아름다운 생명의 생수가 넘쳐 흘렀다.

또 대구면 두산리에서 곰재무니고개를 넘어 처가가 사는 용연면으로 가면 교수골이라는 계곡이 있다. 이곳에 있는 구유소에서부터 하나님께서 지하에 천연 수로를 약 8㎞를 내어주시어 용연면 용정리에 있는 원등소로 흐르게 하셨다. 원등소에서 흘러넘치는 물이 용연평야를 적시어 풍요로운 삶을 살게 해 주셨다. 구유소(물이 세차게 빨려 들어가 사람이 빠지면 죽는다)에서 원등소(물이 힘차게 솟아올라 사람이 빠져도 밀려 나와 산다)로 물길을 내어주심도 영적으로 큰 구원을 이루어 주시겠다는 은총의 상징이다. 소래교회 설립 후 소래교회 영향을 받아 용연교회를 1898년 2월 15일 설립하여 처 이연봉 사모의 조모 정 집사를 부르셔서 가문을 구원해 주셨다. 참으로 놀라운 하나님 구원의 상징을 특별히 주신 은혜에 감사를 드린다.

# 1.
# 예배당 건축과 헌당

소래교회는 날로 부흥하여 1895년에 예배당을 짓기로 결의하고 추진하게 되었다. 그러나 재정적으로는 대단히 어려웠다. 이 일을 위하여 교인들이 열심히 기도하고 또 지방 유지들과 교섭한 결과 대지를 마련하였는데 동네에서 무속신앙으로 당제를 지내던 당 터를 교회에서 무상으로 얻게 된 것이다. 몇몇 교인들은 귀신의 터에다 어떻게 예배당을 지을 수 있겠느냐고 반대했다. 또 소문을 들은 무녀 복술가들과 미신 신봉자들이 결사적으로 반대하며 저주하는 욕설과 폭언을 퍼부었다. 그러나 굴하지 않고 당 터에 예배당을 세운다는 것은 마귀와의 싸움에서 이기는 것이요, 귀신을 몰아낸 승리의 상징이 되어 지역사회에 아주 좋은 본보기가 될 것이라는 의견을 모아 결정하게 되었다.

목재는 김윤방(김마리아 부친) 성도가 소유의 남산 큰 솔밭에서 조달하였고 그 밖의 건축 재료는 교인들의 정성 어린 건축헌금으로 구입했다. 그리고 교인들이 할 수 있는 일은 직접 나서서 하였다. 귀신의 소굴이던 당 터에 있던 아름드리 거목을 베고 터를 닦을 때 무녀

소래교회 예배당(1895년 7월 3일 헌당 기념)
왼쪽 서상륜. 가운데 검은 옷 언더우드 선교사 부부. 오른쪽 서경조

박수들이 천벌을 받을 것이라고 야단법석을 떨었지만 터 닦는 일은 순조롭게 진행되었다. 그리고 남산 김윤방 씨 소유의 남산 솔밭에서는 거목을 찍고 다듬는 소리가 힘차게 울려 퍼졌다.

소래교회를 지을 때 다음과 같은 에피소드가 있다.[58]

교회에서는 예배당 건물의 기둥 높이를 아홉 자로 결정했다. 당시 건축법에는 왕실의 건물이나 관청 등의 특수한 건물 외에는 기둥의 높이를 일곱 자를 넘지 못하게 되어있었다.

그러나 소래교회에서는 만왕의 왕이신 하나님께 예배드리는 예배당이기에 왕실이나 관청의 건물처럼 일곱 자 이상이 되어야 한다고

[58]  「대구면지」참고.(서경조 목사, 김명선 박사 증언)

결의하고 실행하기로 했다. 예배당 재목을 마를 때 김윤방 씨는 교회의 부탁대로 도목수에게 기둥은 꼭 아홉 자로 준비하도록 신신당부를 했다. 그런데 재목을 운반하려고 최종점검을 하다 보니 기둥이 전부 일곱 자로 되어있었다. 교회 측과 김윤방 씨는 아연실색하여 도목수를 불러 연유를 묻자 도목수가 대답하기를 "왕실의 건물도 아니고 관청도 아닌데 기둥을 어떻게 아홉 자로 할 수 있겠는가. 아홉 자란 필시 잘못된 말일 것이라 생각되어 건축법대로 일곱 자로 했다."라는 것이었다. 교회에서는 두 자씩 이어서 쓰기로 결의하고 도목수에게 부탁하여 두 자씩 연결하여 아홉 자 기둥을 만들어 지었다.

또 하나는 언더우드 선교사가 교회의 재정적 어려움을 잘 알고 있었으므로 경비 일부를 부담하겠노라고 제안했다. 이 말을 들은 서상륜·서경조 형제는 지극히 고마운 일이나 우리가 우리 예배당을 세우는 데 외국인의 원조를 받는다는 것은 본의에 어긋나는 일이며 후세에 전하는 데도 명예롭지 못한 일이므로 뜻을 받아들일 수 없노라고 거절했다. 이렇게 소래교회는 한국(조선)교회 최초로 예배당을 건축하는 일에 외국인이나 선교사의 도움을 전혀 받지 않고 순수한 우리의 힘으로 건축하였다. 예배당은 1895년 5월 1일 드디어 준공되어 6월 9일에 첫 예배를 드렸고 7월 3일 헌당식을 거행하였다. 교인들은 징 소리를 듣고 교회에 왔고, 예배석은 남자 석과 여자 석을 구별하는 가림막을 쳤는데 80명이 모여 예배를 드렸다.

서경조 목사는 후일 언더우드 선교사의 지원을 사양한 이유를 그의 논문에서 다음과 같이 밝히고 있다.[59]

---

59) 「황해도교회사」에서 발췌.

"한국(조선)에서 처음으로 건축하는 예배당이니 외국인의 재물을 받지 않기로 작정하였고, 교인들도 이런 취지를 알고 목재나 건축자재, 곡식, 혹은 현금을 자진 헌금하여 8간 예배당을 건축하고도 50여 원이 남았다."

이 사실을 언더우드 부인 릴리어스 호튼(L. H. Underwood)의 "언더우드 부인의 한국 생활"에서 확인해 주었다.

"솔내교회는 조선인들이 스스로 돈을 내어 지은 최초의 교회이며, 실제로 조선에 세워진 첫 장로교회였다. 서울에 사는 기독교인들은 우리 집의 자그마한 손님방과 그 밖의 다른 곳에서 모임을 가졌다. 그러니까 솔내교회가 그 대열에 앞장을 섰던 것이며, 다른 모든 곳에서도 거의 예외 없이(장로교 선교회의 경우) 그 일을 따랐다."

예배당 건축에 재정적 도움을 주려던 뜻을 이루지 못한 언더우드 선교사는 그 대신 미국에서 큰 양등(남포등) 다섯 개를 사다 교회에 기증했다. 그것을 남녀 방에 각각 두 개씩 걸고 한 개는 강대상 위에 달아서 저녁 예배를 밝은 등불 아래서 드리게 되었다.

선교사들의 도움을 받지 않고 자력으로 8칸 예배당을 지은 후 언더우드 선교사의 집례로 1895년 7월 3일 뜻깊은 헌당식을 거행하였다. 각처에서 모여든 교인들과 선교사들이 다수 참석하여 대성황을 이루었다. 이 예배당이 조선에서 조선 성도들의 헌신과 헌금으로 조선인 교인들의 손으로 지은 최초의 예배당이기에 자긍심을 심어주었다. 이에 각 곳에서 예배당 건축 붐이 일어나 서울에서는 새문안교회, 평양에서는 산정현교회가 예배당을 짓기 시작하여 전국적으로 번져 방방곡곡에 십자가가 우뚝우뚝 솟기 시작했다. 이로 인해 **소래교회는 자전, 자립, 자급, 자치의 신앙적 기초위에 세워지게 되었으며** 이후 한국교회가 이를 본받아 선교사들에게 의존하지 않고 자립할 수 있는 기초를 놓았다. 그뿐 아니라 세계 선교사에 길이 남을 기념비적 예배당이 건축되었다.

소래교회 예배당 준공 이후 새로운 신앙운동이 펼쳐졌다. **십일조헌금**이 이때부터 시작되어 한국교회에 정착하게 되었다.

# 2.
# 예배당을 T자로 8칸 증축

동학란 이후 소래교회는 급속히 부흥되어 예배당이 교인들을 수용할 수 없게 되었다. 그래서 1896년 6월 23일부터 다시 8칸을 T자형으로 더 증축하여 예배당은 16칸이 되었고 200여 명의 교인이 모여 예배드릴 수 있었다. 80명의 교인이 일 년 만에 200명이 되었으니 참으로 놀라운 성령님의 역사가 임하셨음을 느끼게 된다.

소래교회 예배당 증축(1896년 6월 23일)

# 3.
## 소래교회 초대 담임목사
## 매켄지 선교사 순교[60]

매켄지(William. J. Mckenzie, 김세〈金世〉, 매견시〈梅見施〉) 선교사는 1861년 7월 15일 순수한 스코틀랜드계의 아버지 로버트와 어머니 맥크레 사이에서 태어났다. 1880년 '십자가에 죽으신 예수님'만을 위해 살기로 결심하고, 1888년 달라루지 대학에서 수학, 문학사가 되었다. 1888년 7월 1일 북극의 래브라도어(Labrador) 벨르(Belle) 섬에서 18개월 동안 북극 선교여행을 하던 중 조선 천주교회의 핍박과 순교 소식을 알게 되었다. 이때 그의 일기에는 "오직 예수를 위해 사는 것만이 축복된 삶이다."라고 기록되어 있다. 래브라도어에서 사역하는 동안 모라비안들의 "금욕과 근면성"에 큰 감동을 받았으며 이들과의 교제는 후에 조선선교에 큰 영향을 준 것으로 보인다.

맥컬리는 18개월의 매켄지 선교사역을 이렇게 요약하였다. [61]

"그는 예수 그리스도의 이름을 전하기 위하여 발이 닿을 수 있

---

60)  참고문헌 「한국기독교교회사 1」, 「한 알의 밀이 땅에 떨어져 죽으면」, 「장연군 기독교 120년사」
61)  「한국기독교교회사 1」에서 발췌

는 모든 곳을 다녔다. 그는 해링턴에서부터 케으프 찰스에 이르기까지 그곳에 있는 작은 섬들을 두루 다니며 예수 그리스도의 귀한 이름을 전파했다. 그것도 한 차례가 아닌 무려 세 차례나 험한 얼음산과 눈을 무릎 쓰고 그 지역을 횡단했다. 눈으로 뒤덮여 있는 북극 지역에 살고 있는 이 버림받은 영혼들에게 하나님의 말씀을 전하지 않으면 안 되는 선교의 불이 매켄지의 마음속에 타오르고 있었기 때문이다."

귀국 후 1891년 4월 22일 할리팍스에 있는 파인 힐 장로회신학교를 졸업한 그는 버려진 땅 조선에 가서 복음을 전하기로 결심한 후 '스튀워크교회를 사임하고, 핼리팍스시 근교의 작은 교회를 섬기며 의학을 공부하였다. 캐나다 장로교회가 조선 선교에 대해 준비되어 있지 않아 선교비가 없어 그를 파송할 수 없다고 하자 모든 것을 하나님께 맡기고 선교회에서 일하면서 조선 선교를 준비했다. 선교부의 지원을 받지 못한 매켄지 선교사는 동부지방 여러 교회를 순회하며 조선 선교의 필요성을 강조하며 후원을 호소하였다. 매켄지 목사의 열정에 성도들이 감동하여 헌금하자 "조선을 제2의 고향으로 삼아 그들과 같이 마지막 나팔 소리를 들을 때까지 그들과 같이 일하리라." 결의를 다졌다. 여비와 1년 생활비를 확보하여 독립선교사로 1893년 11월 13일 캐나다를 출발하며 쓴 일기[62]에 이렇게 기록하였다.

"나를 태우고 갈 배의 갑판에 올랐다. 고국의 땅을 떠나는 것이

62) 「한국기독교교회사 1」에서 발췌

후회스럽다거나 섭섭한 감정은 들지 않는다. 아! 내게 주신 하나님의 은혜가 내게 충만하지 않는가! 내가 고국을 떠나는 것은 결코 희생이 아니다. 오히려 이곳에 머물러 있다는 것이 희생이다. 이제부터 조선은 내가 선택한 육친의 나라다. 하나님, 나로하여금 당신의 영광을 위하여 오래오래 그 일터에서 살게 해 주소서. '사망이 생명에게 삼킨바 되는 심판의 날' 공중에서 큰 나팔 소리가 들릴 때까지 나의 뼈가 그곳에 묻혀있게 해 주소서!"

이렇게 매켄지의 오랜 선교의 꿈은 이루어졌고, 그리고 조선 땅에 뼈를 묻고 싶다던 그의 소원은 마치 예언처럼 2년 후 그대로 실현되었다.

1893년 12월 12일 제물포에 도착한 후 혹한이 몰아치는 추운 겨울임에도 45㎞를 7시간 걸어 서울에 도착하였다. 기진하여 녹초가 되었지만, 선교사들의 환대에 모든 피로가 풀렸다.

매켄지 선교사는 홀 의사와 함께 1894년 1월 9일 평양을 방문하고 마펫(S. A. Moffett. 마포삼열) 선교사의 조언에 따라 평양 남쪽에 있는 황해도 지역이 신교지로 적합하다는 추천을 받고 소래를 향하여 어학 선생과 짐꾼과 함께 출발하였다. 매켄지 선교사가 조선에 도착한 지 6주밖에 안 되었지만 길을 가면서 통역의 도움을 받으며 복음을 전하였다.

1894년 2월 3일 금요일에 소래에 도착하여 서상륜을 만나 밤이 깊도록 대화를 나누었다. 그리고 주일에는 예배를 드리고 이곳에서 조선 풍습과 언어를 배우며 복음을 전하기로 작정하고 단간 초가집에서 한식을 먹으며 한복을 입고, 짚신을 신고 다니는 등 우리 문화를 그대로 받아들이려고 노력하였다.

조선 최초의 자생교회인 **소래교회의 초대 담임목사**의 자부심을 갖고 복음전파에 힘을 쏟았다. 특히 매켄지 선교사는 신학교 4학년 때 배운 의술이 복음전도에 크게 도움이 되었다. 각양각색(중풍, 늑막염, 피부병, 류마티즘 등)의 환자들이 그에게 찾아와 치료 받고 복음을 받아들였다.

조선에 동학란이 일어났을 때, 동학도들은 서양인과 기독교인을 미워하였다. 그러나 매켄지 목사는 동학군이 수세에 몰려있을 때 뒤에서 치료해 주며 도와주고 피신처를 제공해 줌으로 오히려 환심을 얻게 되었다. 이때 기독교는 동학과 교리가 다르다는 것을 표시하기 위해 예배당에 성조지 십자기(十字旗)를 걸어 기독교인뿐만이 아니라 동학도까지 피난하도록 하였다. 이 깃발은 북한 지역에서 그 후에도 예배당의 상징으로 사용되었다.

1894년 동학란 때 동학군의 침입이 무서워 성탄절 예배도 드리지 못했고, 금년 마지막 날을 볼 수 있을까? 라고 걱정했다는 심각한 내용을 일기에 기록하기도 하였다.

1895년 3월 1일엔 친구 기포드 목사에게 다음과 같은 내용의 편지[63]를 보냈다.

"교회 건축을 시작하기 위해 눈이 녹기를 기다리고 있습니다. 그것은 조선 사람들의 헌금으로만 세워지는 최초의 조선인 교회입니다. 교인들이 벌써 1천만 냥을 헌금하였고, 노동력은 무료로 제공한답니다. 목재 공사만 하는데 8백 냥을 주기로 계약했습니다."

---

[63] 「한 알의 밀이 땅에 떨어져 죽으면」: 매켄지 선교사의 일생에서 발췌

매켄지 선교사가 살던 집

그해 6월 9일 주일에 신축한 소래교회에서 첫 예배를 드렸다. 교인들은 징 소리를 듣고 80명이 모여 예배를 드렸다. 이때는 성수주일이 정착되지 않아 전 교인이 참석하지 않았는데 복음을 받은 신자는 훨씬 많았을 것으로 추정된다.

6월 23일 에비슨(O. R. Avison) 박사에게 쓴 편지가 유품에서 발견되었다.[64]

　사랑하는 에비슨 박사님.

　일주일 전 저는 60리 정도 떨어진 장연읍에서 타는 듯한 폭양 밑에서 2일간이나 걸어서 급히 집으로 돌아왔습니다. 그리고 하룻밤은 흰 한복을 입고 한기를 느낄 때까지 밖에 앉아 있기도 했습니다. 그랬는데 1주일 전부터 열이 나고 입맛을 잃고 힘을 잃게 되었습니다. 더운물을 가지고 땀을 내고 두꺼운 옷을 입어보

---

[64]　「장연군 기독교 120년사」에서 발췌

았습니다. 그러나 오늘은 밖으로 나가지를 못하겠고 지독한 고통을 느끼고 있습니다. 잠도 잘 수가 없습니다. 나를 돕기 위하여 박사님이나 다른 분이 올 수 없겠는지요. 나는 도움이 필요합니다. 박사님이 할 수 있으면 부디 친구의 생명을 구원하기 위하여 최선을 다해 주시기 바랍니다.

W. J. Mckenzie.

1895년 7월 23일은 매켄지 목사가 순교한 날이다. 독신으로 송천에 와서 오로지 선교에 열중하여 교회를 돕던 매켄지 목사에게 불행이 닥쳐왔다. 남의 집 사랑방에 거처하다가 조금이라도 불편을 덜기 위하여 예배당이 준공되기 전에 남자 부속실을 급히 꾸미고 거처를 옮겼다. 부속실에서 생활하던 중 열병에 걸려 교인들이 지성으로 간호하였으나 의료시설도 없고, 약품 공급도 원활하지 못한 시골이어서 병세가 점점 악화되었다.

어느 날 밤 총소리가 요란하게 마을에 울려 퍼졌다. 사람들은 총소리가 난 예배당으로 달려가 매켄지 목사의 거처로 달려가 문을 두드렸으나 방안에선 아무런 반응이 없고, 화약 냄새만 났다. 방문을 뜯고 들어가 보니 매켄지 목사가 죽어 있고 그의 옆에는 평소 지니고 있던 총이 놓여 있었다. 송천교회에서 첫 순교자가 난 것이다. 교회장으로 장례를 치르고 예배당 뒤 500m 정도 떨어진 벌판에 안장했다. 그리고 커다란 하얀 차돌로 비석을 세웠다. 앞면에는 약력을 쓰고, 뒷면에는 밀알 한 알이 땅에 떨어져 죽지 아니하면 한 알 그대로 있고, 죽으면 많은 열매를 맺는다는 성경 말씀(요 12: 24)을 중심으로 그의 순교 정신을 새겼다.

매켄지 선교사의 무덤

"1893년 매켄지 선교사는 캐나다로부터 여기 내주할 때 동포는 외인을 살해하려 하고, 교인은 몇 명 안될 때다. 폭양에 열심히 선교하여 열병에 정신없이 기세(棄世, 별세와 같은 뜻)하매 일동이 애석하며 다 주를 믿는지라 주의 말씀에 '밀알 하나가 땅에 떨어져 죽으면 열매가 많다 함이 옳도다.' 소래교회는 조선의 처음 열매요, 목사의 몸은 여기서 자도다."

이창식 녕(銘)[65]

이 비석은 매켄지 목사의 약혼녀인 맥콜리(Miss E. A. Mc Cally, 일생을 조선선교에 헌신) 양이 세웠으며, 유산 3,000냥을 교회에 기증하는 것을 허락하여 땅을 매입하고 해서제일학교 설립자금으로 사용되었다. 매켄지 목사의 죽음이 헛되지 않아 캐나다 선교부에서는 당시 매우 어려운 여건 속에서도 조선에 선교사들을 보내 원산을 복음화

---

65)　「황해도교회사」에서 발췌

하여 이것이 불씨가 되어 평양의 복음화에도 크게 밑거름이 되었다.

송천교회를 찾는 성도들이나 선교사들이 찾는 소래교회 첫 예배당과 해서제일학교 사이의 길을 따라 올라가면 새 예배당이 나오는데 이 새 예배당을 지나 약 500m를 더 올라가 이 묘를 둘러보았다. 나도 이 묘에 몇 번 올라가 보았다. 일제가 종교탄압을 가혹하게 할 무렵, 이 비석을 없애라고 강요하여 하는 수 없이 이 비석을 땅에 묻었다가 해방되자 다시 제자리에 세웠다. 지금도 그 자리에 묻혀있을 것이다. 비석을 묻고 다시 세운 이 일은 곽인식 씨 등이 직접 한 일이다.

# 4.
# 사회개화운동

미신타파와 양력 지키기, 일요일을 주일로 부르며, 안식일로 지키
는 신앙 운동을 적극적으로 펼치며 사회개화운동도 펼쳐나갔다. 소
래교회는 하나님 나라 확장을 위해 전력을 다하면서 한편으로는 국
가 장래를 염려하여 백성을 깨우치기 위해 사회개화운동을 전개하
였다. 사회개화운동의 구호가 "아는 것이 힘, 배워야 산다."였다. 소
래교회는 애국지사들과 함께 사회운동과 구국운동에 앞장섰다. 특
히 고명(高名)한 선생들을 초청하여 계몽강연회 등을 개최하여 면민
들에게 개화의 새바람을 불어넣어 주었다. 특히 안창호 선생의 뜻을
받아 마을들을 순회하면서 문맹퇴치운동과 관혼상제의 간소화, 농
촌경제부흥(새마을운동 전신) 등 각 분야에 걸쳐 계몽운동을 전개하였
다. 마을마다 야학을 개설하여 주경야독으로 신지식을 배우고, 농가
경제발전에 암적 존재가 되는 관혼상제(冠婚喪祭)의 간소화와 부업
장려운동을 전개되었다. 이 운동이 신속히 실행되기 위하여 부녀회
와 기독청년회(초대회장 金九練), 소년회(초대회장 鄭龍河), 농촌청년회
(초대회장 朴成武)를 조직하여 기독교 전도를 중심으로 하고, 사회개

화운동을 하였다. **문명퇴치, 금연, 단주, 밀주 제조금지, 도박 금지, 삼림 도벌 금지** 등을 계몽하고 선도하였다. 또 춘궁기 곡식이 떨어진 가정과 부양가족이 없는 노인에게는 구호 식량을 보급하였다. 또 학생들에게는 웅변대회를 개최하여 학구열과 애국정신을 고취시켰다.

### 1) 해서제일학교

해서제일학교는 1883년 5월 16일 조선에서 제일 먼저 창립된 소래교회에서 설립한 학교다. 처음에는 "소래학교"라 하였는데 학생은 교인 자녀 7~8명으로 시작하였다. 소래학교는 건물이 없었으므로 김윤방 씨 사랑방을 이용하였다. 학교설립목적은 첫째 전도, 둘째 신교육, 셋째 사회개화운동에 두었다.

1886년 소래교회 예배당이 아래소래로 이전하여 예배드리게 되자 소래학교도 예배당에서 시작하게 되었다. 소래학교는 야학도 겸하였다. 야학에서는 문맹 퇴치와 신학문으로 교육하였다.

참으로 놀라운 일이다. 선교사들도 엄두도 내지 못하는 교육사업을 한국교회의 어머니 교회인 시골 소래교회가 제일 먼저 자립적으로 시작한 것이다.

이것을 언더우드 선교사는 다음과 같이 회고하였다. [66]

"조선에 있는 선교사들은 일반인들을 위한 교육은 물론 교회의 성도들과 성직자들에 대한 교육의 필요성에 대해 무관심한 것은

---

66) 「숨겨진 한국교회사」. 발췌

아니었으나, 처음부터 복음 전도사업이 너무 벅차서 교육 면에 충분한 주의를 돌릴 수 없었다. 다시 말하면 복음을 전하는 기회가 실제 손을 댈 수 있는 것보다 크고 수적으로 많았으므로 전도를 목적으로 하는 학교가 크게 도움이 된다고 할지라도 당장에는 손을 쓸 수가 없었다. 그러나 지방에서 교회가 세워지자 곧 기독교 신자들의 자제(子弟)를 어떻게 교육해야 할 것인지에 대한 문제가 일어났다. -중략- 따라서 선교 개시 초기부터 기독교계 학교 설립이 필요했다. 여기서 당시 소래에 세워진 작은 교회에 관해 이야기한다면, 우리들의 선교 역사에 이 교회는 처음부터 그 필요성을 통감하였을 뿐 아니라, 그 실현을 위한 수단을 강구하였던 것이다. 즉 이 교회는 예배당을 건축하기에 앞서 기독교 신자가 가르치는 부속 학교를 세웠다."

소래학교는 매켄지 목사가 부임하면서 열정적으로 소래학교를 육성하였기에 매켄지 목사의 조선 이름인 금세(金世)를 따라 금세학교(金世學校)로 개명하였다. 금세학교는 서경조와 매켄지 선교사가 설립하였다. 교사는 일 년에 쌀 10가마와 옷 한 벌을 사례비로 드리기로 정하고 서상봉(徐相奉, 서상륜의 사촌 동생), 이국보(李國輔) 두 분을 모셨다. 초기 교육과목은 한글, 지리학, 성경, 주기도문 등을 가르쳤다.

그러던 중 1895년 6월 매켄지 선교사가 돌아가셨다. 이 소식을 듣고 서울에서 언더우드와 웰즈가 영국 공사의 위촉을 받아 매켄지 목사의 유산과 유품 정리를 위해 소래로 왔다. 매켄지 목사의 돈 3,000냥을 맡아 관리해온 서경조는 평소 매켄지 목사가 원하던 뜻을 따라 그 돈으로 학교를 세우자고 제의하여 약혼녀의 허락을 받은 후 소래학교를 위해 쓰게 해 달라고 언더우드 선교사에게 요청하였다. 언더우드 선교사는 영국(캐나다가 영국령)공사의 허락을 받아 학교 기금으로 사용할 수 있도록 조치하였다. 소래교회는 이 돈으로 논 27마지기(약 8,100평)와 30명이 들어갈 수 있는 건물을 샀다. 또 논 3마지기(약 900평)와 40명이 들어갈 수 있는 건물과 돈 400냥을 기부받았다. 이 기부금과 교인들의 헌금을 합하여 18간 학교 건물을 지었다. 1895년 송천교회는 국가에서 4년제 보통학교로 정식 인가를 받아 "소래학교"를 "해서제일학교"로 바꿔 부르게 되었다. 남녀 소학교와 고등과를 설치하고, 후에 예비과(유치원) 1년, 보통과 4년, 고등과 2년(고등과는 일제 말 일제에 의해 폐교됨)의 학제를 갖추게 되었다.

소래교회는 기독교 전도는 물론 우리 백성이 무지에서 벗어나려면 하루빨리 신교육을 받아야 하고 사회 개화운동을 시급히 일으켜야 한다고 주장하고 추진해 왔다. 이를 위해서 서상륜, 서경조 형제는 소래교회를 세우고 바로 야학과 강습소 형태의 소규모 신교육을 실시해 왔다. 기회를 포착하고 서류와 제반 시설을 갖추고 학교 인가 서류를 제출하고 백방으로 노력한 결과 1895년 **정부의 교육령에 의한 정식 인가**를 받게 되었다. 운영권은 교회에서 맡기로 하고 교사는 각지에서 유능한 인재를 물색하여 초빙하였다. 교장을 초빙하다가 여의치 않은 경우에는 교회의 장로들이 돌아가며 맡기로 하였다. 교장은 실무에 나서지 않고 뒤에서 뒷바라지만 할 뿐 행정 실무는 교직원에게 일임하도록 하였다.

서경조 목사 아들 서병호 장로는 해서제일학교에서 교사로 섬기고 있을 때 안창호 선생을 만났고, 안창호 선생의 간청으로 선생이 평양에 세운 대성학교로 가서서 교사로 학생들을 가르쳤다. 언더우드 목사의 초청으로 모교인 경신중학교로 옮겨 학생들을 가르치다 상해로 망명하여 임시정부에서 신한청년단을 조직하여 독립에 헌신하였다.

## 교가[67]

불타산맥 내리달아 돌아앉으며 장산곶이 백호되어 포복한 곳
에 수림간에 우뚝솟은 기묘한 집은 해서제일학교.

(후렴) 제일, 제일 해서제일, 제일, 제일해서제일
제일, 제일 해서제일제일학교 만세

일천팔백구십오년 창설하여서 지금까지 전진하여
나아 왔으니 그 안에서 솟아나는 생명샘물이
사해에 넘치네.

---

**67)** 교가가 2절까지만 대구면지에 기록되어 있어 소개한다.

송천유아원 1회 졸업기념(1931년 4월 1일)

## (1) 헌신하신 선생님들

### ⓐ 서상륜

해서제일학교 창설자(소래교회 역대 교역자 편에 소개)

### ⓑ 서경조

해서제일학교 1대 교장(소래교회 역대 교역자 편에 소개)

### ⓒ 서병호

서병호(徐丙浩)는 1885년 7월 7일 황해도 장연도호부 서대방 송천 아래소래에서 조선 최초 교회인 소래교회를 설립한 서경조 목사의 차남으로 태어났다. 그는 조선 최초로 유아세례(乳兒洗禮)를 받았으며, 큰아버지 서상륜의 양자로 들어갔다. 해서제일학교를 졸업하고, 1905년 경신학교를 졸업한 후 해서제일학교 교사, 교장으로 근무하던 중 안창호 선생이 학교와 교회에서 강연하고 평양 대성학교에서 함께 일하자고 부탁하여 대성학교에서 교편을 잡았다. 이후 언더우드 선교사의 요청으로 모교인 경신학교에서도 교편을 잡았다.

1911년 105인 사건 후 기독교 선교자에 대한 탄압이 심해지자 서병호는 언더우드 선교사의 미국 유학 권유를 거절하고 1914년 중국으로 망명해 난징 금릉대학(金陵大學, 현 난징대학 전신)에서 공부하였다. 1919년 서병호는 신규식, 김규식, 여운영, 선우혁, 한진교, 장덕수, 조동호, 김순애 등과 함께 상하이(上海)에서 신한청년단을 조직하여 당수로 활동하며 김규식을 파리강화회의에 대표로 파송하였다.

1912년 2월 선우혁, 김순애와 함께 국내로 잠입하여 파리강화회의 대표 파견을 전하였다. 독립만세운동을 준비하고 있음을 알고 상하이로 돌아가, 독립사무소를 설치하여 임시정부 조직에 착수하고, 4월 25일 임시의정원 심사위원이 되었다.

그가 남긴 업적으로는 대한적십자회를 창실하여 간도 지방 독립운동가의 가족을 도왔다. 1921년 7월 국민대표회 기성회 위원, 1923년 상하이에 남화학원(南華學院)을 설립하였고, 1933년 인성학원 이사장, 상하이 한교협회 이사장에 취임하였고 이때 장로 장립을 받아 헌신했다. 이때 일제가 인성학원에 일장기 게양을 강요하자 인성학원을 폐교하고 이후에는 중국 각지로 전전하다 8·15 해방을 맞아 귀국했다.

귀국 후에는 정치와 인연을 완전히 단절하고, 교육사업에만 전념

했다. 모교인 경신학교 이사, 운영회 이사장, 교장 등을 역임하였고, 새문안교회 장로로 헌신했다.

1960년 은퇴 후 서병호 장로는 대한예수교 장로회 경기노회 부회장에 피선되었고, 1968년 독립운동에 참여한 공로로 대통령 표창을 수여 받았다. 1972년 6월 7일 하나님의 부르심을 받아 망우리 공원에 매장되었다. 2008년 국립대전현충원 애국지사 묘역에 이장되었다.

1980년에 건국포장, 1990년에 건국훈장 애국장을 추서했다.

### ⓓ 이승철

소래교회 장로, 목사(소래교회 역대 교역자 편 참조)

### ⓔ 김응순

소래교회 목사(소래교회 역대 교역자 편 참조)

### ⓕ 안경화

일제의 탄압이 심해지자 교장을 초빙하기가 어려워지자 공석 중인 교장직을 소래교회 장로 중에서 맡기로 결의하고 덕망 있는 안경화 장로가 교장으로 추대되었다.

안경화 교장은 직접 실무를 관장하지 않았고, 뒤에서 인사와 재정만 관장하고, 행정 실무는 교무위원에게 일임하여 처리하게 하였다.

### ⓖ 홍종옥

안경화 교장 뒤를 이어 해서제일학교 교장직을 맡았고, 안경화 교장과 같이 인사와 제정만 관장하고, 행정 실무는 교무위원에게 일임하여 처리하게 하였다.

### ⓗ 이영혁

이영혁 선생은 해서제일학교 초창기 여선생이다. 당시의 교단에는 여선생이 별로 없던 때인데 과감히 교육계로 나오셨다. 여 선생이었으나 근엄하신 태도와 조금도 흐트러짐 없는 자세는 함부로 접근하기 어려운 타입이셨다. 그러나 내심은 인자하시고 포용력이 넓어 제자들이 존경하며 따랐다. 일제의 탄압이 심해지자 교편을 내려놓고 가정에서 주부의 역할을 하시다 해방을 맞이했다. 해방되자 남편인 방규영 선생과 함께 젊은 제자들을 부르시더니 장롱 깊이 간직하고 있던 태극기를 내주시는 일도 있었다. 태극기의 모형을 잘 모르던 제자들은 감격의 눈물을 흘렸다. 이처럼 사상이 투철하고 지조있는 선생님이셨다.

### ⓘ 허간

소래교회 역대 교역자 편 참조

### ⓙ 김홍섭

김홍섭 선생은 다년간 해서제일학교에 봉직하며 많은 제자를 양성했으며, 후일 국가와 민족을 위해 크게 공헌하는 인물들을 길러냈다. 선생께서는 대구면의 정신적 지주가 된 지도자였다. 일제의 식민지정책이 날로 가혹해져서 교회계통의 사립학교들이 무참히 탄압받으며 뜻 있는 교사들이 요시찰인(要視察人)으로 낙인이 찍혀 교단에서 밀려나던 시기였다. 선생께서도 항상 감시 받게 되어 해서제일학교에서 계속 교편을 잡을 수 없게 되어 부득이 사임하고 해주 "방갓제"로 가서서 교편을 잡았다. 그 뒤 3·1만세운동이 일어나자 선생께서 주동자로 지목되어 왜경에 체포되어 해주감옥에서 옥고를 치루었다. 이후 교단에 서지 못하고 고향으로 내려와 은둔생활을 했다.

해방 후에 신탁통치(信託統治)설이 나오자 곧 대구면(大救面) 대표들을 소집하여 나(장철수 목사)도 대표로 참석했다. 대구면 대표들이 모여 채택(採擇)한 결의문을 가지고 상해에서 귀국한 임시정부를 찾아 상경하여 김구 주석에게 직접 전달하여 대구면민의 애국심과 민족사상을 전달했다.

### ⓚ 이윤건

의주에서 소래로 이주하여 온 법률가이신 선생님께서는 해서제일학교에서 학생들을 가르치시며 법률을 몰라 어려움을 당하는 주민들을 돕는 일에 수고를 아끼지 않으셨다. 그래서 지방관공서에서는 선생님을 존경하였으며 사법상의 어려운 문제들에 관해서는 자문을 받아 지역사회의 고문격인 역할을 했다. 해서제일학교에서 다년간 인재양성에 힘쓰시다 일제의 압박이 심해지자 교단에서 물러나 한적하게 칩거하셨다. 선생님께서는 각오하신 바가 있어 면민의 어려움을 돕기 위해 대구면장의 직책을 맡아 대구면 행정에 힘썼다.

### ⓛ 김구련

김구련 선생님은 해서제일학교 출신으로 오랫동안 모교에서 교편을 잡고 헌신적으로 노력하시며 많은 제자를 양성하셨다.

인격이 고매하고 인자하시어 제자들이 지극히 존경하며 따랐다. 큰 소리로 학생들을 꾸짖거나 함부로 매를 드는 일이 없었고, 사랑과 덕으로 감화를 주어 학생들을 가르쳤다. 소래교회에서는 장로로 교회를 섬겼으며 해서제일학교 교장직도 겸하셨다. 이후 교장 선생님은 목회의 사명을 받아 교계를 떠나 평양신학교에 입학하여 어려운 여건 속에서 신학을 마치고 목회의 길로 가셨다. 해방 후 월남하여 강원도 가평지방에서 교회를 맡아 시무하시다 그곳에서 별세했다.

### ⓜ 이진희

이진희 교장 선생님은 소래교회 이승철 목사의 장남이시다. 해서제일학교를 나오시고 모교인 해서제일학교에서 교편을 잡아 헌신적으로 제자들을 양성하셨다. 김구련 선생님과 오랫동안 학생들을 신앙 위에 인격적으로 가르치셨다. 내가(장철수 목사) 해서제일학교에 다닐 때는 교장 선생님이셨고, 소래교회 장로셨다. 나는 이진희 교장 선생님의 지도를 받으며 해서제일학교에 다녔고 27회 졸업생이 되었다. 선생님의 총애를 받아 공립학교 교장 선생에게 공문을 전달하기도 하였고, 학생들이 잘못했을 때 자신의 종아리를 때리며 조국의 장래를 걱정하시며 우시던 모습이 지금도 생생히 남아있다.

일제 말 온갖 탄압으로 사립학교의 운명이 풍전등화 같은 어려움을 겪을 때 해서제일학교도 예외는 아니었다. 일제의 탄압이 노골화되어 외부적으로 경제적으로 탄압이 점점 심하게 가해져 와도 이에 굴하지 않고 끝까지 모교를 이끌어 오신 마지막 교장 선생님이시다.

선생님은 시종일관 교육계를 지키며 헌신하셨는데, 월남 후 전라남도 함평군 손불국민학교 교장으로 재직하시던 중 6·25 전쟁 때 제자들에게 학살당해 소천하셨다.

## (2) 해서제일학교 출신 저명인사

- 김필운(金弼雲): 김마리아 숙부, 세브란스의전 1회 졸업, 의사
- 홍종은(洪鐘恩): 세브란스의전 1회 졸업, 의사
- 서병호(서병호): 해서제일학교 교장, 상해임시정부 요원
- 서광호(徐光鎬): 세브란스의전 2회 졸업, 의사.
- 박헌식(朴憲植): 세브란스의전 3회 졸업, 의사
- 허간(許侃): 해서제일학교 교사, 평양신학교 졸업, 목사
- 허응숙(許應淑): 평양신학교 졸업, 목사
- 허성묵(許聖黙): 민족주의자, 독립운동 유공자
- 김명선(金鳴善): 세브란스의대 졸업, 연세대학 부총장
- 조광현(趙光賢): 세브란스의대 졸업, 세브란스의대 병원장
- 최장수(崔昌洙): 세브란스의대 졸업, 의학박사, 연세대학교 교수
- 홍순각(洪順覺): 세브란스의대 졸업, 의학박사, 연세대학교 교수
- 김경선(金京善): 숭실전문대 졸업, 만주에서 교수, 해군대령 복무
- 윤명숙(尹明淑): 연희전문대 졸업, 서울시립대 교수, 강원대교수
- 김필례(金弼禮): 김마리아 고모, 정신여고 교장, 이사장.
- 김함라(金涵羅): 이화여대 졸업, 이화여대 교수, 남궁혁 박사 부인
- 김순애(金順愛): 이화여대 졸업, 여성 민족운동가, 김규식 박사 부인
- 김마리아: 정신여고 졸업, 여자신학교수, 애국부인회 창설 회장 역임

- 홍은윤(洪恩潤): 서울신학 졸업, 사회사업, 유아교육 공헌자

## 2) 식목

　도산 안창호 선생은 "저 산과 강을 개조하여 산에는 나무가 가득하고 시내에는 물이 풍성하게 흘러간다면 이것이 우리 마을에 얼마나 큰 행복이 되겠소"라고 말하며 치산치수(治山治水)에 대해 강하게 설파했다. 본래 솔샘에는 이름 그대로 소나무가 울창하였고 샘이 많았다. 그런데 인구가 증가하며 산이 헐벗기 시작하여 불모지 땅이 점점 넓어져 더욱 황폐해졌다.

　소래교회에서는 헐벗은 산에 나무를 심는 일을 권장하였다. 그리고 솔샘 전역의 불모지 땅과 개천 둑, 도로변에 포플러(美柳)나무를 심도록 권장하고 교회와 해서제일학교 주변에도 포플러(美柳)나무를 심어 대구면에는 가는 곳마다 포플러나무가 울창한 숲을 이루었다. 치산치수가 잘 되면 나라가 부유해지고 치산치수가 잘되지 않으면 나라가 빈곤하게 된다는 사실을 역설하며 계몽한 결과였다.

## 3) 도로정비

　한편 도로를 잘 닦아야 한다는 사실도 계몽시켰다. 새로운 문명과 문화는 길을 따라 들어오기 때문에 길을 잘 닦아야 한다고 역설했는데 그 결과 장연읍에서 용연을 지나 송천을 가로지르는 시골 도로를 확장하였는데 이 신설도로(新作路)는 노폭이 국도보다 두 배 넓었고 도로 바닥도 자갈을 놓고 닦아 국도보다 더 탄탄했다. 신작로 가에

는 포풀러나무를 심어 수목이 우거져 풍경이 아름다웠다. 신작로가 개설된 후 버스가 장연읍에서 태탄까지 1일 1회 왕복 운행하게 되었다. 일제 말에는 석유가 부족하여 기차처럼 석탄 버스로 개조하여 운행하였다. 아침 등교 시간에 도로를 따라 걸어가면 기사가 버스를 세우고 학생들을 공짜로 태워주는 날도 많았다. 그래서 어머니들이 기사에게 감사의 마음을 담아 굴을 따서 드리기도 하였다.

신작로에서 마을로 연결하는 마차가 다닐 수 있는 길, 마을에서 마을을 잇는 도로 개설과 전답이나 임야와 연결되는 농로 등을 1910년부터 개발시켰다. 이같이 농촌부흥운동이 성공적으로 정착되므로 장연 군내에 복음도 빠르게 전파되었다.

1930년경에는 자전거가 1가구에 1대 정도 보급되어 신작로를 따라 활발히 움직였다. 나도 해서제일학교 다닐 때 어른용 자전거를 타고 한 손은 손잡이를 잡고, 다른 손은 안장을 잡고 한발은 삼각대 사이로 넣어 반대편 발판에 올려 돌리며 등하교를 하였다. 나는 어머니(김종호)가 아프실 때(1941년 9월) 택시를 대절하여 집 마당에서 태워 황해도에서 가장 큰 사리원 도립병원에 입원시켜드렸다. 입원해 복부 수술을 하셨으나 수술한 부위가 아물지 않아 아내와 함께 어머니를 간호해 드렸다. 주위에서 나을 가망이 없으니 퇴원하는 게 좋겠다고 하여 택시를 타고 돌아오는 도중 아들과 며느리 사이에 안기어 돌아가셨다.

## 4) 3·1 독립만세운동

대구면(大救面)은 소래교회 교인들을 중심으로 독립운동이 전개되었다.

소래교회 예배당을 건축할 때 목재를 바친 김윤방(金允方) 집사의 딸 김마리아가 일본에서 대학을 다니던 1919년 2월 동경 조선 유학생으로 구성된 2·8 독립선언 회원에 가담하여 독립선언서를 작성한 후 본국에 배포하는 사명을 띠고 귀국하였다. 졸업을 한 달 남겨두었으니 졸업하고 귀국하라는 동지들의 조언에 "대학 졸업장보다 조국이 더 소중하다."라는 말을 남기고 바로 귀국하여 황애시덕(黃愛施德)동지와 함께 고향 송천을 포함하여 전국을 순회하며 독립사상을 고취시켰다.

도산 안창호(島山 安昌鎬) 선생은 소래교회 초청으로 수차례 오셔서 계몽강연과 시국강연을 하여 독립사상을 심어주어서 소래교회 성도들이 독립운동에 참여하게 하였다.

1919년 3월 1일 서울에서 3·1 독립만세운동이 터지자 장연읍에서는 남문 성벽에 독립선언문을 붙여 이 사실을 널리 알리는 동시에 장날인 3월 11일, 16일, 4월 11일 3차에 걸쳐 만세시위가 진행되었다.

대구면에서는 **소래교회 교인이 주축이 되어 4월 18일 송천 장날에 만세시위가 일어났다.** 청년 이행권(李行權), 김창현(金昌鉉), 김락영(金洛永, 목사)은 현장에서 체포되었고, 그 외에 주도적 역할을 한 교회 제직 40여 명이 추가로 체포되어 4년에서 6개월의 옥고를 당했다. 이때 소래교회에는 남자 교인이 몇 명뿐이었고, 여자 성도들이 2~3년간은 힘들게 유지해야 하는 시기였다.

태극기는 소래교회 청년들이 만들었고, 이행권이 비밀리에 시위 장까지 안전하게 운반하기 위해 양곡 용기(섬, 가마니)에 넣고, 그 위에 고추를 넣어 위장하여 검문을 통과하였다. 시장에 들어가 시위 군중에게 태극기를 나누어주어 독립 만세운동을 펼칠 수 있었다. 이후 8·15해방 때까지 소래교회를 통해 독립운동은 지속적으로 이어졌다.

6장

새 예배당

# I.
# 새 예배당 건축

소래교회 예배당은 큰 재목을 쓰고 기와를 이어서 훌륭하게 지은 건
물이지만, 50주년 희년을 맞이할 무렵에는 구옥이 되었다. 그리고
그동안 늘어난 교인들을 수용할 수 없게 되어 새로 더 큰 예배당을

소래교회 희년 예배당

현대식 양옥으로 건축하기로 결의하였다.

새 예배당을 50주년 '희년기념 예배당'으로 명칭을 붙여 건축하기로 하고 추진하였다.

이때 김성섬 집사 가문은 모두 소래를 떠났다. 장남 김윤방 집사는 1896년에 하나님의 부르심을 받았고, 김윤방 집사 부인 김몽은 성도는 1906년에 세상을 떠났다. 세 딸도 유학길에 올라 소래를 떠났다. 둘째 김윤오 집사는 1903년 가족을 데리고 상경하여 서울역 맞은편에 김형제상회를 운영하며 독립운동을 도우다 만주로 피신하여 독립운동을 도왔다. 삼남 김윤열은 1891년 과거급제 후 돌아오는 길에 장티푸스에 걸려 사망하였다. 사남 김필순은 1894년 유학길에 올랐으며 형 윤오가 이주할 때 어머니 안성은 성도와 동생들까지 상경하게 하여 독립운동을 하다 만주로 피신하여 소래와 같은 이상촌을 만들고 독립군들을 도우다 1919년 일본인에 의해 독살당해 순국하였다. 온 가족이 국내, 만주, 상해에서 독립운동을 해 소래에는 한 가족도 남지 않았다.

국내 정세는 1876년(고종13년)에 일본에 굴욕적인 강화도 조약을 체결하여 군사, 경제, 정치 압박을 받았고, 1894년 청일전쟁에서 일본이 승리하였다. 1903년 12월에 조선 식민지화 방침을 확정 짓는 '대한방침'(對韓方針)을 결의하였다. 또 1904년 러일전쟁을 도발하고 일본군대를 파견하고 '한일의정서(韓日議定書)'를 체결하였다. 그리고 토지와 인력을 징발당했다. 그래서 백성은 도탄에 빠졌고, 교회 재정여건은 좋지 않았다.

소래교회는 겨울에 부흥회를 열어 건축헌금을 했고, 송천의 유지와 외지에 나가 있는 부유한 교인들의 특별헌금으로 착공하게 되었다. 희년기념 예배당은 첫 번 예배당 동북쪽에 짓기로 하고, 재목은 50여 년 전에 심은 예배당과 학교주변의 포풀러(美柳나무)를 간벌하여 사용했다. 지붕은 함석으로 하되 함석은 송천교회와 해서제일학교 출신으로 장연읍에서 개업하고 있는 박헌신 의사가 부담하기로 자원하였다. 마루는 같은 출신으로 연백에서 개업하고 있는 의사 박승원이 부담하기로 하였다. 유리창은 세브란스 병원에서 교편 생활하는 의사 김명선 박사가 맡기로 하였는데 그만한 경제력이 없었다. 김 박사는 연희전문학교 교장이신 원한경 박사(언더우드 선교사 아들)에게 이 사실을 말하였다. 원 박사는 그 말을 듣고 걱정하지 말라고 안심시켰다.

원 박사는 아버지의 소원(소래교회 예배당 건축 참여)을 풀 기회라 생각하고 자동차를 팔기로 하였다. 원 박사는 김명선 박사에게 "자동차를 팔아 그 돈을 해 주겠다." 약속하였다. 며칠 뒤 원 박사의 자동차는 150원에 팔리자 원 박사는 150원 전액을 김 박사에게 주며, 소래교회는 선친 때부터 좋은 관계를 맺고 있는 곳이니 잘 써 달라고 부탁하였다.

언더우드 선교사의 소원을 50년이 지나 아들 원한경 박사가 이루

원한경 박사 자동차(한국일보, 1981년 12월 9일)

었다. 김 박사는 그 헌금을 전부 교회로 보내어 유리창을 달고 남은 돈은 다른 비용으로 전용하였다. 그 밖의 모든 건축비는 교인들 헌금으로 충당하여 건축은 예정대로 진행되었다. 1934년 제23회 총회 시 "황해노회 보고 상황"에서 소래교회가 함석으로 70평 예배당을 건축하였다고 보고하였다.

희년 예배당을 지을 때 나는 해서제일학교 학생이었으며 교회를 건축하는 모습을 직접 보았고, 교회에 가서 예배를 드렸다.

성전봉헌식은 1936년 봄이었다는 소래교인 증언을 들었다고 김 대인 목사는 저서 "숨겨진 한국교회사"에 기록했다.

# 2.
# 희년예배

1933년 5월 소래교회는 창립 50주년 희년을 맞게 되었다. 이 희년은 소래교회만의 것이 아니었다. 조선 기독교 전체의 첫 번 맞이하는 희년이었다. 그래서 희년기념감사예배(稀年記念感謝禮拜)를 위해 전국적으로 교회 대표들이 모여들었고, 각지에서 활동하던 선교사들이 다수 참석한 가운데 성대히 거행되었다. 황해노회도 장소를 소래교회로 정하여 전 노회원들이 참석한 가운데 희년기념감사예배후 노회를 개최하여 더욱 성황을 이루었다. 나는 이날 등굣(登校)길에 신교사님들과 목사님들이 자가용을 타고 오는 것을 목격하였다. 이곳 도로에 익숙하지 않은 목사님들이 목동 건천 다리를 건너서 두번째 다리를 건너면-홍수 때 물이 다리를 범람하지 못하도록 약간 오목하게 파 놓았는데 속력을 줄이지 못해-덜컹거려 머리를 다쳐 아파하는 모습을 목격하였고 예배드리는 모습도 목격하였다. 학교 운동장에는 각지에서 온 자가용이 많았고, 서양 선교사들을 보며 신기하기도 하였고, 놀라게 하였다.

*소래교회 60주년 기념예배는 1943년 소래교회 마지막 당회장 허간 목사가 거행하였다.

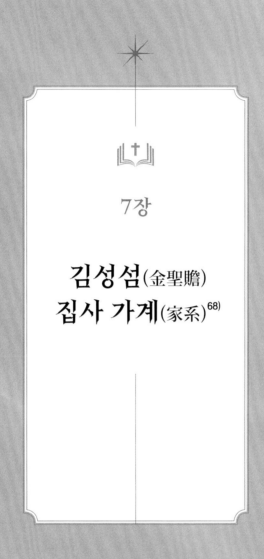

7장

# 김성섬(金聖瞻)
# 집사 가계(家系)[68]

**68)** 참고문헌 「김필례 〈열화당 영혼도서관〉」, 「장연군 기독교 120년사」, 「대구면지」, 「황해도 교회사」

하나님께서 이 땅에 복음이 뿌리내리게 하시려고 참으로 세심한 계획을 세우시고 실천하셨음을 본다.

하나님께서는 흑암이 깊게 드리워진 조선에 생명의 빛을 주시기 위해 먼저 조정에서 판서로 나라를 섬기던 김 판서에게 백성을 긍휼히 여기는 마음을 주시어 아무 연고도 없는 황해도 장연군 서대방 소래로 보내서서 구석몰에 집을 짓고 정착하게 하셨다. 김 판서는 쓸모없는 불모지를 구입한 후 개간하여 옥토로 만들고 소래에 본인이 꿈꾸이온 이상적인 마을로 바꾸어가기 위해 2대에 길쳐 기초를 놓게 하셨다.

하나님께서 토마스 선교사를 준비하셔서 조선에 복음을 전하기 위해 준비하게 하시고 이때 목동 사람 김자평을 천주교인 박해를 피해 중국으로 도피하여 중국 즈푸(芝罘, 지부)로 가게 하셨다. 중국 즈푸(芝罘)에서 토마스 선교사를 만나게 하시고 천주교에서 기독교로 개종하게 하셨다. 김자평 성도는 토마스 선교사의 순교를 각오한 복음전파 열정에 감복하여 함께 순교하겠다는 각오를 하고 토마스 선교사와 함께 황해도 장연군 백령도와 장연군 서대방의 목동과 소래에 복음을 전하게 하셨다. 그리고 토마스 선교사는 1866년 9월 2일 대동강변에서 순교하여 우리나라에서 기독교인으로 순교한 첫 번째 선교사가 되었다. 그리고 김자평 성도는 1868년 4월 23일 황해도 은율군 장련면 직전리 오리포에서 참수형을 당해 조선인 기독교인으로 첫 순교자가 되었다.

김자평 순교자가 흘린 복음의 씨앗이 15년 후 소래에서 피어나게 하기 위해 의주 사람 서상륜을 만주 선양(瀋陽, 심양. 옛 펑티안〈奉天〉)으로 보내셨다. 서상륜 성도는 로스, 메킨타이어 선교사를 만나 복음을 받게 하시어 고국에 복음을 들고 들어오게 하셨다. 소래에 정착한 서상륜 서경조 형제는 김성섬 사랑방에서 복음을 전하게 하여 김성섬 가족이 복음을 받게 하시고 함께 1883년 5월 16일 소래교회를 세우게 하셨다.

김성섬 집사 가문은 소래교회 성장에 크게 기여(寄與)하여 기초석이 되었고, 일제 강점기에는 가문이 구국운동의 구심점이 되어 크게 활동했다. 이 가문은 기독교 신앙 위에 혈연과 학연으로 뭉쳐 한국 독립사에 크게 기여(寄與)하여 "가족의 독립운동사"를 살펴보면 "한국의 독립운동사"와 일치하고 있음을 보게 된다.

김성섬 가문은 소래교회의 아름답고 튼튼한 기초석과 아름다운 문이요, 한국 독립의 기초석이 된 명문가이기에 닮고 싶어 살펴보려 한다.

# 1.
# 김성섬(金聖贍) 집사
## (?~1892년 2월)

김성섬 집사는 부패한 조정에 회의를 느끼고 이상촌을 건설하기 위해 교통이 불편한 소래로 낙향하여 정착한 김 판서의 손자로 태어났다.

첫째 부인 곽씨(곽이복의 딸)에게서 김윤방, 김윤오, 김윤열 3형제를 얻었으며, 부인과 사별한 후 안성은 성도와 재혼했다.

둘째 부인 안성은 성도에게서는 김필순, 김구례, 김순애, 김필례를 낳아 신실한 신앙의 명문가를 만들었다.

김성섬 집사는 사랑방을 개방하여 길손을 맞이하고 학문과 세상 이치를 논하였는데 서상륜 서경조 형제의 전도를 받고 주님을 영접한 후 소래교회 설립 교인이 되었다. 교인이 된 후 하나님만이 유일하시고 영원하시며 절대적인 분이시며 우리는 하나님 앞에서 모두 같은 자녀이기에 양반 상놈 남녀차별이 없다는 것을 깨닫게 되었다. 그래서 노비들을 자유롭게 풀어주며 농지를 주어 자급하게 하였고, 양반 상놈의 벽을 허물어 옛 노비들을 형 아우라 부르며 형제로 대하니 장연군 내에서 명망(名望)을 얻게 되었다. 집에서 글방(書堂)을 시작하여 집안 자녀들과 이웃집 자녀들을 모아 학문을 가르쳤다.

안성은(安聖恩)[69] 성도는 서상륜 서경조의 전도를 받아 소래교회에 출석하며 교육을 받고 개신교 초기의 권서인(勸書人, 전도인, 겨울마다 외지에서 전도함)으로 사역, 장연군 일대에 전도부인으로 크게 활약했다.

"아버지께서는 내가 돌이 지난 해(1892년)에 돌아가셨습니다. 아버지께서 돌아가시자 어머니께서는 가정의 모든 문제 특히 자녀교육 문제를 하나님과 의논하기 시작하였습니다. 어떤 난제라도 기도로 해결하기 위해 산과 들을 개의치 않으셨고, 하나님은 살아계신 전능한 아버지로 믿는 생활이었습니다. 저는 그때 어린 까닭에 어머니께서 기도하러 가실 때마다 따라다녔습니다. 그때 받은 그 인상과 어머니의 모습은 영영 나의 머리 가운데 사라질 줄 모르며 마음속에 깊이 조각처럼 아로새겨져 있습니다.

나의 어머니의 생활관이란 기도 만능주의이며 신앙 제일주의였던 것을 시간과 공간을 초월하여 나의 영원한 상(像, 바람직한 모습)으로 남아있습니다."

어머니께서는 여자인 나에게 공부해야 한다고 하시며 글방에 보내셨다. 나는 남장을 하고 글방에 갔는데 남자아이들이 가운데 앉았고 여자아이들은 양옆에 앉아서 고개를 끄덕이며 글자를 배웠다.

---

69)　「김필례 그를 읽고 기억하다」에서 발췌

# 2.
## 장남: 김윤방(金允邦) 집사(1851~1896)
### - 부인: 김몽은(?~1906)

김윤방 집사는 아버지 김성섬 집사와 어머니 곽씨 사이에서 황해도 장연군 서대방 소래 구석몰에서 태어났다. 아버지와 같이 소래교회 설립 교인이 되었고, 소래교회 예배당을 당터에 건축할 때 목재를 조달하였다. 아버지와 함께 양반 상놈 계급을 타파하고 노비를 형제처럼 우대하여 소래교회 부흥에 크게 기여했다. 그리고 민족 계몽 운동을 전개한 개화 인사이며 그 일환으로 사랑방을 개방하였고, 아버지와 함께 글방(書堂)을 열어 가문의 어린아이들과 이웃 아이들을 모아 한문을 가르치다 소래학교(한글, 한문, 역사, 수학, 성경 등을 가르침)를 개설하고 야학을 개설하여 문맹 퇴치와 신학문을 가르치는 데 앞장섰다.

언더우드 선교사가 소래교회를 방문하면 사랑방을 제공하고 극진히 접대하였다.

김몽은 성도도 남편처럼 진취적인 정신으로 김씨 집안을 일으킨 개방적인 정신의 소유자이었기에 세 딸을 내려오는 관습대로 양육하지 아니하고 선교사 부인들처럼 당당한 여성으로 키우기를 원했다. 특히 막내딸 김마리아를 유학시켜 지성인으로 자라게 해 달라고 유언(1906년 소천. 김마리아 15세)까지 하였다.


## 1) 장녀 김함라 권사(金函羅, 1887~1975)

김함라 권사는 1887년 황해도 장연군 대구면 소래 구석몰에서 김윤방 성도 첫째 딸로 태어났다. '함라'라는 이름은 언더우드 선교사가 지어주었는데, 성경에서 '한나'에서 따온 이름이다.

해서제일학교에서 공부하고, 정신여학교를 졸업한 후 22세 때 서울 연동교회에서 게일(J. S. Gale) 선교사의 주례로 남궁혁(南宮赫)과 결혼했다. 결혼 후 광주 수피아여학교와 숭일학교에서 16년간 남편을 도와 후배양성에 힘썼다. 남편과 같이 미국으로 유학을 떠나 공부한 후 귀국하여 이화여전과 이화대학교 교수를 역임하였다.

특히 남편 남궁혁 선생은 영어 실력이 특출하여 많은 청년을 교육하였다. 그중 한국사회의 명사가 된 김성수(金性洙, 1891~1955 부통령), 김병로(金炳魯, 1887~1964, 대법원장, 국회의원), 장면(張勉, 1899~1966, 부통령) 등이 배출되었다. 남궁혁은 1917년 선교사들의 후원으로 평양신학교에 입학하여 졸업한 후 목사가 되어 광주 양림교회를 시무했다. 남궁혁은 1919년 3월 6일 그의 집에서 독립 만세운동을 어떻게 할 것인가 비밀모임을 하였다. 이 만세운동으로 지도층 인사 21명과 함께 구속되어 온갖 고초를 겪었다. 이후 미국으로 유학을 떠나 한국 최초의 신학박사가 된 후 평양신학교에서 교수를 지냈다. 1939년 신사참배문제로 평양신학교가 폐교되자 상하이(上海)로 망명하여 김구 주석을 보필하며 조국 광복에 헌신했다. 8·15

해방을 맞아 귀국하였으나 남북이 갈리어 평양신학교에 복직하지 못하고, N.C.C 총무로 교계를 지도하며 섬기다 6·25 때 공산군에게 납북되어 북에서 순교하였다.

김함라 권사는 9남매를 훌륭하게 양육하고 1975년 88세로 하나님의 부르심을 받았다.


## 2) 차녀 김미염(金美艶) 의사

김미염 의사는 황해도 장연군 대구면 소래 구석몰에서 김윤방 집사 둘째 딸로 태어나 해서제일학교, 정신여학교를 졸업하고 제중원에서 의학을 공부하여 6회 졸업생이다.

남편 방합신(方合信)도 1916년 제중원을 졸업한 의사다.


## 3) 삼녀 김마리아 열사(金瑪利亞, 1891~1944)

**대한의 독립과 결혼**하고, 평생 독립운동에 전념한 김마리아 열사(烈士)는 김성섬 성도의 손녀다. 김마리아 열사(烈士)는 1891년 6월 18일 소래 구석몰에서 김윤방 집사와 김몽은 성도의 셋째 딸로 태어났다.

김마리아 열사(烈士)가 두 살 된 1892년에 할아버지가 돌아가셨고, 1899년에 소래교회에서 세운 해서제일학교에 다니며 성경 말씀과 기독교 정신을 바탕으로 한글, 한문, 산술, 역사, 지리, 가사 등을 배워 박애정신(博愛正信)을 키우고 평등사상(平等思想)을 배웠다.

아버지께서 1896년 하나님의 부르심을 받아 소천하셨고, 1903년 소래학교를 졸업하고 어머니를 도와 집안일을 돌보며 여인들이 할 일을 배웠다. 1905년 어머니께서 "마리아를 외국으로 유학 보내 공부하게 하라."는 유언을 남기고 돌아가셨다. 어머니의 유언을 이루어드리기 위해 1906년 서울로 이주하여 삼촌 김필순 성도 집에서 살며 연동여학교에 입학하여 공부하며 1908년 세례를 받았다. 이때 삼촌 집을

김마리아 열사

드나들던 안창호 김규식 노백린 이동휘 유동열 안태국 이동영 등 애국지사들을 보며, 조국과 민족을 뜨겁게 사랑하게 되고 애국심이 불타올랐다.

1910년 조국은 일제의 완전한 식민지가 되었고, 연동여학교를 졸업한 김마리아 열사(烈士)는 큰 언니 함라가 교사로 있는 광주 수피아여학교 교사로 부임하여 교육과 계몽에 힘썼다.

1913년 연동여학교 은사들의 추천으로 모교인 정신여학교 교사로 부임하여 학생들을 열정적으로 가르쳤다. 이를 지켜본 루이스 교장 선생님의 추천으로 동경여자학원(東京女子學院)으로 유학을 떠났다. 1915년 4월 막내 고모이지만 동갑인 김필례와 나혜석 등이 중심이 되어 조직한 "조선여자유학생친목회"에 가입했다. 1917년 10월 임시총회에서 일본 전체 한국 여자유학생회의 대표가 되었고, 이때 기관지 "여자계(女子界)"를 발행했다.

1918년 1월 18일 미국 윌슨 대통령이 "민족자결주의 원칙(民族自決主義 原則)"을 발표하였고, 11월 11일 세계 1차 대전이 종전되었다.

1919년 1월 "파리강화회의"가 개최된다는 소식이 알려지자 이를 대한독립의 기회로 이용하기 위해 독립선언문을 준비했다. 이것이 동경 유학생들의 2·8 독립선언 계획인데 김마리아, 황애덕(黃愛德) 등이 참여했다. 2·8일에는 동경 기독교청년회관에서 열린 독립선언대회(獨立宣言大會)에 참석해 등단하여 일제의 대한민국 정책을 신랄하게 규탄하고 최후의 순간까지 일제와 투쟁할 것을 호소하였다. 2·8 독립선언 대표들과 함께 동경 경시청에 연행되어 취조받은 후 석방되었다. 김마리아 열사는 독립선언서를 본국에 배포하는 임무를 띠고 귀국하게 되었다. 졸업 후 가라는 동지들에게 "대학 졸업장보다 조국이 더 소중하다"라는 말을 남기고 귀국했다. 김마리아 열사(烈士)는 2·8 독립선언문을 미농지에 복사하여 일본 여성들이 입는 기모노 허리띠 안에 감추고 차경신(車敬信)과 함께 동경을 출발하여 15일 부산에 도착했다. 학교에 다닐 때도 양장이나 한복을 입고 다녔는데 그렇게 입기 싫어한 기모노를 입고 한 달 남은 졸업도 포기하고 고국으로 돌아온 김마리아 열사(烈士)의 애국심에 경의를 표한다. 부산항에 도착한 김마리아 열사(烈士)는 백산상회를 운영하는 안희재를 만나 대한 독립운동에 관한 이야기를 나누고 광주로 갔다. 광주에서 언니 김함라를 만나 동경 2·8독립선언에 대해 이야기를 나누고 독립선언서를 인쇄해 대구에서 상해 신한청년당에서 국내 독립운동을 촉구하기 위해 밀사로 파견한 큰 고모부 서병호와 셋째 고모 김순애를 만나 서로 상황을 설명하고 거족적 독립운동을 다짐하였다. 그리고 2월 21일 서울 정동여학당을 찾아 황애덕, 박인덕(朴仁德), 신준려(申俊勵) 등을 만나 독립운동 문제를 논의했다. 그리고 민족대표들을 만나 자신의 활동계획을 말하고 대규모 독립운동을 일으켜 줄 것도 요청했다.

1919년 3월 1일 평양과 서울에서 독립 만세운동이 일어났을 때 황해도 일대를 돌며 독립운동에 동참해 줄 것을 호소하였다.

서울로 돌아온 3월 5일이 서울의 학생들이 남대문 역(현 서울역) 앞에서 격렬한 독립만세 시위를 전개한 날이었다. 이날 독립만세 시위에 정신여학교 학생들도 다수 참석하였기에 일경의 방문 조사가 이루어졌고 그곳에 있던 김마리아 열사(烈士)도 독립만세 운동의 주모자라며 체포하여 남산골 한옥마을에 있는 악명높은 왜성대(倭城臺) 조선총독부 경무대로 끌려갔다. 무서운 고문 도구가 가득한 취조실에서도 김마리아 열사(烈士)는 당당함을 잃지 않았다. 배후와 연루자를 밝히라는 압박과 혹독한 고문을 하며 '일본 연호로 대답하라'는 말에 '나는 일본 연호는 모르고 서기밖에 모른다'라고 대답하였다. 또 재판관이 '피고를 무죄로 석방하면 독립운동을 하지 않겠는가?'라고 질문하자 '독립운동이 어떻게 죄가 될 수 있느냐? 재판관은 자기 나라가 망해도 독립운동을 하지 않겠다는 말이니, 그런 온당치 않은 말이 어디 있소.'라며 도리어 꾸짖었다. 서대문 형무소로 이감된 후 모진 고문을 당해 메스토이병에 걸려 평생 고통에 시달렸다.

일제 형사들은 김마리아 열사(烈士)와 동경 유학생 조직과의 관계를 캐고자 혈안이 돼 있었다. 날카로운 꼬챙이로 손톱 밑을 찌르는 고문은 시작에 불과했다. 대막대기로 머리를 때려 실신한 것도 여러 차례였다. 끝내 입을 열지 않자 실로 충격적인 고문을 감행했다. 김마리아를 죄수나 옥에 갇힌 사람들 앞에 옷을 벗기고 다니게 하고 심지어 죄수들 앞에 세워두고, 기어서 다니게 하여 최대한 수치심을 유발하였다. 그래도 입을 열지 않자 달군 인두로 한쪽 가슴을 수차례 지져 한쪽 가슴이 없어졌다. 이 사실은 김마리아 열사(烈士)의 수양딸 배학복이 간직해온 특별한 한복 저고리를 보여주며 한 증언이다.

간수가 김마리아를 데리고 법정으로 갔다. 일본인 재판관은 "너희의 소란으로 조선의 독립은 결코 이룰 수 없다는 것을 기억하라. 너는 복종해야만 한다. 앞으로는 현모양처(賢母良妻)가 되어라"고 말하였다. 후에 마리아는 이렇게 말하였다.

"재판관은 알았을까? 그의 입에서 흘러나온 바로 그 현모양처란 말이 고문 후유증으로 죽어가던 나를 다시금 깨어나게 해준 것을." 김마리아 열사(烈士)는 41세 때 기자들이 "왜 결혼하지 않느냐?"라고 물어보자 "나는 평범한 삶을 포기한 지 오랩니다. 비록 족두리는 쓰지 않았지만, 결혼한 거나 다름없죠. 일본 재판관이 현모양처가 되라고 했을 때 **나는 대한의 독립과 결혼**하기로 했으니까요." 대답하였다. 1919년 8월 4일 증거 불충분으로 석방되었다. 출감 후에도 조국 독립의 꿈을 잃지 않고, 더욱 강하게 활동하며, 정신여학교 동문과 교사들이 중심이 되어 대한민국애국부인회를 전국적 규모로 확대하고 활력을 불어넣었다. 김마리아 열사(烈士)는 연합회 회상을 맡고, 황애덕이 총무로 선임하여 활동하였고, 김마리아는 "본회의 목적은 대한민국 국권을 확장하는 데 있다."라고 하여 국권 회복을 목적으로 하는 단체임을 분명히 밝혔다. 국권 회복을 위해 독립운동 자금을 비밀리에 모금하여 1919년 11월 6,000원의 군자금을 임시정부에 전달했다. 조직 임원인 오현주의 배신(해방직 후 제헌국회에서 조사한 반민특위의 친일파 재판 기록에서 밀고자를 찾음)으로 11월 28일 김마리아 열사(烈士) 등 52명이 일경에 체포되어 경상북도 경찰국으로 압송되어 법원에서 3년 형을 받고 수감 되었다. 수감 중 악형과 고문으로 몸이 더욱 위중해 1920년 5월 22일 병보석으로 출감되었다.

출감 후 세브란스병원에 입원하여 치료 받으며 중국 망명 계획을 세웠다. 김마리아 열사(烈士)는 1921년 7월 10일 미국인 윤산온 씨의 도움을 받아 인천으로 빠져나간 후 도인권(都寅權, 1880~1969, 감리교 목사, 독립운동가, 안악사건으로 옥고를 치름, 해방 후 한독당 옹진군 위원장, 나는 송림면 대표로 한독당에서 활동함) 목사 부인과 함께 배편으로 탈출하여 8월 초에 상하이(上海)에 도착했다. 김마리아 열사(烈士)의 망명(亡命)은 극비에 붙여졌다. 왜냐하면, 망명(亡命) 사실을 알리고 떠나면 그 사람이 심각한 고문을 당할 것이라. 생각하고 가족에게도 알리지 않은 것이다.

상하이(上海)에서 둘째 고모 김순애(서병호 부인)의 도움으로 고문 후유증을 치료받고 건강이 조금 회복되자 난징(南京)대학에 입학하여 공부하며 상하이(上海) "대한민국애국부인회"에 참석하여 활동했다. 또 대한민국 임시정부에서 황해도 대의원으로 김구와 같이 선출되어 임시정부의 국민대표회의 의정원 의원으로 활동했다. 1923년 임시정부 내의 사상논쟁으로 분열되자 실망한 김마리아 열사(烈士)는 6월 23일 미국 유학길에 올라 7월 11일 로스엔젤레스에 도착하여 안창호 부인 이혜련의 도움을 받고 생활하였다. 1924년 미네소타주 파아크빌시에 있는 파아크대학에 입학하여 대학 도서관에 근무하며 공부하여 1929년 사회학 석사학위를 받았다. 대학에 다니면서도 재미 대한민국 애국부인회 근화회(槿花會, 무궁화회)를 만들어 회장으로 추대되어 애국정신을 고취시켰다.

1926년 봄 미국 유학 중인 김필례는 조카 마리아가 있는 파크대

학으로 찾아갔다. 김필례는 조카 마리아에게 악행을 가했던 일본 검사 가와무라(河村靜水)가 뉴욕에 있으니 만나보자고 제안했다. 두 사람은 가와무라 검사가 있는 호텔로 찾아갔다. 그는 처음에 크게 당황했으나 두 여성의 태연한 모습에 안정을 찾고 이야기하다 김마리아의 형 만료 시효가 십 년이므로 그 후에는 귀국이 가능할 것이라고 알려주었다.

1930년 뉴욕 비블리컬 세미너리(Biblical Seminary)에서 신학교육을 받았다. 졸업 후 1932년 7월 망명 생활을 마치고 귀국하였지만, 일제의 감시와 압박(일제가 거주지와 직업, 강의과목까지 제한함)으로 서울에서 활동할 수가 없어 원산의 마르다 윌슨 신학교에 부임하여 신학을 강의하였다. 신학교에서도 종교모임과 강론을 통해 민족의식을 고취 시키고, 신사참배를 거부하는 등 항일투쟁을 지속하였다. 김마리아 열사(烈士)는 고문 후유증이 재발하여 평양기독병원에서 소래교회 후배인 김명선(1897년 10월 17일생) 박사에게 치료받던 중 **1944년 3월 13일 그렇게 애타게 기다리던 신랑(조국독립)을 보지 못한 채 순국하였다.** 하나님 품에 안겨 조국의 독립을 보고 지금 편히 쉬시며 우리를 기다리고 게실 것이다. 임종 후 화장하여 고향 소래 항고개 앞 언덕 넘어 왼편 우거진 솔밭 속에 곱게 잔디로 조성되어있는 선산에 안장되어 묘지관리인 김원홍(金元弘) 씨의 관리를 받으며 해방을 맞이했고, 육신은 주님 오실 때까지 잠들어 계신다.

# 3.
## 차남: 김윤오(金允五) 집사(1853~?)
### - 부인: 김경애

김윤오 집사는 서상륜 서경조 형제의 전도를 받고 소래교회에서 신앙생활을 하였는데, 매켄지 목사와 전도 활동을 할 때 주민들이 반겨주었다. 1895년 소래교회 예배당을 건축하고 입당한 후 가을에 언더우드 목사가 내려와 교회 일을 처리하고 **서경조가 장로 피택되고 김윤오 성도는 집사임명**을 받았다. 1901년 12월 26일 '그리스도 신문'에 해서지방 12곳에서 사경회를 할 때 서경조 장로가 6곳, 김윤오 집사가 6곳에서 가르치기로 했다는 기사가 실렸다.

김윤오 집사는 양반이며 향장이면서 평민을 존중하고 노비들에게 토지를 주고, 소작인들에게 토지를 주어 자립하게 한 것이 장연군 내의 백성들이 알기에 만나면 존경을 표했고 복음을 쉽게 받아들였다.

**김윤오 집사는 서대방의 향장이었으며 1885년 행정구역 개편 때 대구면으로 명명하는 데, 크게 역할을 했다.**

김윤오 집사는 아버지께서 1892년 세상을 떠나시고, 의지하던 형 김윤방 집사도 1896년 세상을 떠나자 가문의 가장이 되어 가문의 문제를 결정해야 하는 짐을 지게 되었다.

1903년 소래를 떠나 상경하여 동생 김필순(당시 의대생)과 동업하여 김형제상회를 운영하며 독립운동을 지원하고 병원 건축이 중단되었을 때 건축기금을 제공하여 완공하게 도움을 주었다.

서울로 이주한 후 1906년 황해도 평안도 출신 인사들을 중심으로 구국계몽단체인 서우학회(西友學會) 발기인으로 참여하여 총무로 활동하며 초등교육의 중요성을 알리고 실질적으로 사립학교 교원을 양성했다. 서우학회를 서북학회(西北學會)로 발전시켰고, 어가동도 (御駕東渡, 이완용 등이 고종에게 일본으로 건너가 헤이그 밀사 사건을 사죄하라고 한일)를 저지하는 등 국가의 중대사에 참여한 애국지사였다.

김윤오 집사는 김용순이라고 불리기도 했는데 김구(白凡 金九)와 안창호(島山 安昌浩)와는 막연한 사이였고 함께 활동했다.


1911년 105인 사건에 연루되어 일본 경찰의 추적을 피해, 만주로 망명한 동생 김필순에게 어머니 안성은과 동생의 가족과 자신의 가족들을 데리고 흑룡강성(黑龍江省) 치치하얼(濟濟哈爾, 제제합이)로 가 수십만 평의 땅을 매입하여 만주(滿洲)에서 소작하고 있는 동포 30여 가구 300여 명을 모아 소래와 같은 이상촌을 건설하고 토지를 무상으로 주어 자립하게 하였다. 이후 행적은 기록이 없어 알 길이 없다.


### 1) 외동딸 김세라

- 남편 고명우 의사

김세라는 구약의 사라(Sarah)인데 1906년 3월 22일 제중원 3회 졸업생인 의사 고명우(高明宇, 1883~1950)와 결혼했다. 그들은 서울 남대문 밖 언더우드 선교사 집에서 언더우드 선교사의 주례로 결혼했다. 고명우는 미국 롱아일랜드의과대학에서 의학박사학위를 받고 귀국하여 모교에서 학생들을 가르치고, 병원을 개원했다. 한국전쟁 때 남대문 성도들과 함께 납북당했다.

고명우 박사 아버지 고학윤(부인 안리아)은 소래교회 출신으로 부산지방 초기 전도자였고, 미국 북 장로교 선교사 브라운 베어드 어빈의 어학 선생 겸 조수였다.

김세라의 딸 고황경이 서울여자대학교 초대 학장으로 취임했다.

# 4.
# 삼남: 김윤열
## (?~1891년)

김윤열은 김성섬과 어머니 곽씨의 삼남으로 태어나 공부도 잘하고 인물도 출중하여 아버지의 총애를 많이 받고 자랐다. 김윤열은 아버지의 열망대로 1891년 과거 급제 후 돌아오는 길에 장티푸스에 걸려 여관에서 사망하였다.

　아버지 김성섬은 사랑하는 아들을 잃은 슬픔을 이기지 못하고 누워있다가 막내딸 김필례가 태어난 지 두 달 만에 소천하였다.

# 5.
# 사남: 김필순(金弼順)
## (1878년 6월 25일-1919년 9월 1일)
## - 부인 정경순(1891년 11월 결혼)

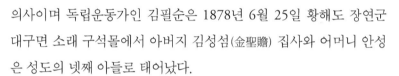

의사이며 독립운동가인 김필순은 1878년 6월 25일 황해도 장연군 대구면 소래 구석몰에서 아버지 김성섬(金聖贍) 집사와 어머니 안성은 성도의 넷째 아들로 태어났다.

소래교회에서 운영하고 있던 소래학교(해서제일학교 전신)에서 공부하고, 13세인 1891년 11월에 두 살 위인 정경순 성도와 결혼했다.

16세인 1894년 언더우드 선교사에게 세례를 받았고, 세례를 집례한 언더우드 선교사가 김필순의 부모를 설득하여 서경조 집사(1895년 장로 장립)의 아들 서병호, 서광호와 함께 상경하여 언더우드 선교사의 집에서 살며 배재학당에 입학하여 4년 동안 공부하고 졸업했다. 김필순이 배재학당에 다닐 때 안창호(安昌浩)는 구세학당에 다니고 있었다. 두 사람은 "배재협성회" 회원으로 만나 의기투합하여 의형제를 맺었다. 안창호가 1902년 미국 유학을 떠나기 전 이혜련과 결혼하고 떠나도록 제중원 교회에서 결혼식을 올릴 수 있도록 도와주었다. 제중원 재학 중에 황성기독교청년회와 상동교회를 다니며 구국 운동가로 활동하였는데 안창호와 의형제를 맺고 1907년 신민회를 조직하여 해외 독립운동기지 건설에 적극적으로 동참하였다.

한편 자신의 집(김형제상회 울타리 안에 있는 주택 2층 방)을 독립운동가들의 모임 장소로 제공하였는데 안창호의 동지들인 김규식, 서병호, 안태국(安泰國) 차리석, 최광옥(崔光玉, 백낙준 박사 장인) 노백린(盧伯麟, 독립군 장군), 이동휘(李東輝), 이갑(李甲), 유동열(柳東說), 최광옥(崔光玉), 양기탁(梁起鐸), 이동영 등이 모여 회의를 하여 이곳이 신민회 비밀 본부가 되었다.

1899년 제중원에서 새록스(A. M. Sharrocks)의 통역 및 조수로 일하다가 1900년부터 에이비슨(Oliver R. Avison)의 통역 및 조수로 일하면서 그레이 해부학 교과서를 번역하였지만, 화재로 소실되어 1906년 해부학 교과서를 다시 번역하고, 외과 총론, 화학, 해부생리학, 내과학 등 의학서적을 번역하며 제중원 의학교를 다녔다. 이와 같은 경험을 인정받아 졸업 전에 저학년 학생들을 가르쳤고, 의학도이지만 병실 및 외래에서 보조역할을 하며 경험을 축적하였다. 졸업 후에는 의학교수로 임명되었는데 1909년 후반기 전임교수는 에이비슨, 허스트, 김필순, 홍석후, 박서양이었다.

1908년 제중원의학교를 졸업(1회 졸업, 졸업생 7명, 조선인 최초 양의사)하고 제중원 과장 겸 교수로 근무했다. 제중원에 환자가 몰려들어 환자들의 식사 제공이 문제되자 에이비슨 교수가 김필순에게 제중원의 식사문제 해결책을 부탁했다. 김필순은 구내식당이 있어야 하고, 안정적으로 식사를 제공하려면, 가족의 도움이 필요하다고 판단했다. 그래서 모시고 계시는 어머니에게 부탁하여 어머니와 아내가 수고하여 해결하였다. 여동생들은 연동여학교(정신여학교 전신)에 입학시켜 공부하게 하였다.

1903년 형 윤오 집사가 소래의 가산을 정리하고 어머니와 가족을 이끌고 서울로 이사 왔다. 김필순은 형과 동업하여 제중원 옆에 "김형제상회"(대지 200평, 2층 양옥 1채, 일본식 집 1채, 반 양옥 14칸, 창고 12칸의 건물이 있었다.)를 개업하고 운영은 형 윤오가 하도록 하였다. "김형제상회"는 홍콩, 하와이 등지로 인삼 무역을 하였고, 큰 목재상도 운영하였다.

미국 클리블랜드의 석유재벌 루이스 세브란스(Louis Henry Severance)가 제중원에 병원 건축기금을 기부했다. 남대문 밖 지금의 서울역 맞은편 복숭아 골(도동) 언덕에 건축공사가 시작되었다. 공사 중 러일전쟁이 터져 자재값이 폭등하자 건축업자가 건축을 포기하여 병원 건축공사가 중단되게 되었다. 이때 김윤오, 김필순 형제의 도움으로 공사가 재개되었고, 1904년 9월 준공되었다. 1909년 7월 사립 세브란스의학교로 교명이 바뀌었다.

1907년 8월 1일 대한제국의 군대가 일본에 의해 강제 해산될 때 시위대 장병들이 일본군과 시가전을 벌여 남대문 일대가 피바다가 되었다. 근처에 있는 제중원으로 부상병들이 몰려들었다. 김필순은 부상병들을 치료하는 손길이 부족하자 부상병 간호에 어머니와 여동생과 조카들을 동원하여 치료하도록 했다.

대한제국을 강제 합병한 일제는 '총독암살 음모 사건'을 날조하여 신민회 회원 600여 명을 잡아들였다. 1911년 신민회 회원들과 함께 105인 사건에 연루되어 일본 경찰의 추적이 시작되자 1912년 1월 가족에게도 알리지 않고 야간열차로 압록강을 건너 중국으로 망명하였다. 조선인들이 거주하는 젠다오(間島, 간도)의 통화현(通化縣)으로 가서 병원을 개업했다. 인접한 류허현(柳河縣, 유하현)에 독립운동 기지를 꾸린 이회영(李會榮), 전병현(全秉鉉), 이동녕(李東寧) 등과 함께 서간도(西間島) 지역의 독립운동기지 개척에 힘썼다. 1912년 여름 어머니와 가족들과 형 윤오 가족들이 옮겨와 합류했다.

통화현(通化縣)까지 일본의 영향이 뻗어오자 1916년 8월 통화현(通化縣)을 떠나 내몽골에 가까운 흑룡강성(黑龍江省) 치치하얼(濟濟哈爾, 제제합이)에 병원을 개업하고, 형 윤오와 함께 수십만 평의 땅을 구입하여 만주에 사는 동포 중 소작을 하는 30가구 300여 명을 모아 할아버지가 소래 마을에서 하신 것처럼 이상촌인 고려인 마을을 건설하고 토지를 무상으로 주어 자급자족하며 살아가게 하였다.

밤에 독립군들이 오면 그들을 따뜻한 방에 재우기 위해 가족들은 부엌에서 밤을 지내고, 여성들은 밤에 옷을 빨아서 밤새도록 화로에 말려 숯불 다림질을 해 아침에 입고 갈 수 있도록 했다.

1919년 김필순은 상하이(上海)로 가 여동생 순애와 김규식을 결혼시키고 파리로 떠나는 여비와 필요한 것을 마련하여 김규식을 보내며 환송하였다.


흑룡강성(黑龍江省) 치치하얼((濟濟哈爾)에 병원에서는 부상당한 독립군을 무료로 치료하고, 독립운동가의 연락 거점으로 활용토록

했다. 김필순은 수익금을 모두 독립운동하는 곳에 사용하였기에 항상 생활비도 부족했다. 러시아 군인을 치료하는 러시아 군의관을 겸하였기에 러시아 공관에서 가족들이 살았다. 그래서 자신과 가족들을 위해서는 집도 땅 한 평도 없었다.

1918년 최영욱과 결혼한 김필례는 독립운동과 이상촌을 건립하고 있는 오빠 김필순의 초청으로 결혼 직후 치치하얼(濟濟哈爾)로 갔다. 김필례가 임신으로 입덧이 심해 그곳에 있던 남편과 함께 10월에 고국으로 돌아왔다. 만약 여동생 김필례 부부가 치치하얼(濟濟哈爾)에 있었다면 김필순은 독살되지 않았을 것이다. 참으로 안타깝다.

1919년 가을 병원에 일본인 한 명이 찾아와 조수를 하겠다고 하여 일손이 부족한 김필순은 그를 채용했다. 하루는 아침부터 점심도 못 먹고 두 건의 큰 수술을 하고 지쳐 소파에 기대어 쉬고 있는데 간호사가 우유 한 컵을 권하며 "간디(조수) 씨가 선생님께서 수술하시느라 식사도 못 하셨는데 잠시 쉬실 때 이걸 드리라고 했어요."라고 하며 우유를 권하자 우유를 단숨에 마셨다. 일본인 조수는 암염으로 만든 알약을 뜨거운 물로 먹게 한 후 뜨거운 물수건으로 습포를 하게 했다. 얼마 지나지 않아 김필순의 배는 시커멓게 변했고 곧 숨을 거두었다. 일제 특무요원에게 독살되어 1919년 9월 1일 순국했다.

김필순이 순국하자 러시아 병원 관사에 살고 있던 가족들은 살아갈 집이 없어졌다. 농사도 지을 수 없어 그곳을 떠나 친지들이 교외 낡은 집을 구해줘 살게 되었다. 김필순의 아내 정경순은 집 마당에 움막을 짓고 돼지를 기르고, 채소를 가꾸었으며 동네 사람들의 빨래와 바느질을 해주며 겨우 끼니를 이어갔다. 조금 나은 수입을 위해 중국어를 배워 산파 일도 했다. 또 남편이 근무하던 러시아 병원 빨래도 하며 먹고살았는데 시어머니(安聖恩)를 모시고 일곱 아들까지 모두 아홉 식구 입에 풀칠하기에는 정말 어려웠다. 셋째 아들 김덕린이 소학교를 졸업하자 시어머니 안성은 성도가 입을 덜어주기 위해 김덕린과 김덕상을 데리고 딸들이 사는 상해로 갔다.

# 6.
# 장녀: 김구례
## - 어머니: 안성은 성도

김구례는 황해도 장연군 대구면 소래 구석몰에서 소래교회 설립교인 김성섬(金聖贍) 집사의 4남 3녀 중 장녀로 태어났다.

김구례는 소래교회에서 세운 해서제일학교를 졸업한 후 서울에 있는 오빠 김필순을 따라 상경하여 함께 살며 연동여학교(후에 정신여학교로 개명)에 입학하였다. 정신여학교에서 성경, 한문, 역사, 지리, 산술, 습자, 체조, 음악, 가사, 침공(針工, 바느질) 등이었는데 성경은 선교사들이 직접 가르쳤다. 가사와 침공은 신마리아 선생이 가르쳤는데 가르침과 행함이 동일하여 학생들에게 깊은 영향을 끼쳤다. 후에 건축한 대강당을 "신마리아관"이라 이름을 붙여 그 가르침을 기렸다.

1907년 7월 24일 대한제국의 정치권 행정권을 일제 통감부가 완전히 장악하는 정미칠조약(丁未七條約)을 체결하고, 순종황제를 겁박하여 7월 31일에 군대 해산 조칙을 내리게 했다. 그리고 8월 1일 8시에 동대문 훈련원에서 군대 해산식이 강행되었다. 군대 강제해

산에 분개한 제1연대 제1대대장 박승환이 대대장실에서 "대한민국 만세!"를 외친 후 "군인이 나라를 지키지 못하고 신하가 충성을 다하지 못하면 만 번 죽어도 아깝지 않다."라는 유서를 남기고 권총으로 자결했다. 이 소식을 들은 장병들이 분격하여 탄약고를 부수고 탄환을 꺼내 무장항쟁하였다. 구식 총으로 무장한 칠백여 명의 대한제국군과 기관총 3문과 무장한 일본군 2개 대대 병력과 맞서 처절한 전투를 벌였다. 두 시간 전투에서 일본군은 삼십여 명이 전사했고, 대한제국군은 전사자 백여 명, 부상자 백여 명, 포로 오백여 명에 이르는 처참한 결과를 낸 전투였다. 전투가 치열하게 벌어지던 날 세 자매는 서소문 밖 윤오 오빠 집에 있었다. 이 처참한 광경을 목도한 세 자매는 어머니가 계시는 필순 오빠 집으로 달려갔다. 시가지는 흐르는 빗물과 군인들이 흘린 피가 섞인 피바다를 이루었다. 오빠 집이 있는 제중원은 밀려오는 부상병으로 아수라장이었고, 오빠는 부상병을 치료하느라 눈코 뜰 새 없었다. 오빠의 부탁으로 부상병들을 간호하느라 입고 있던 옷도 피로 얼룩졌다. 그리고 연동학교 학생들도 달려와 함께 부상병들을 간호했다. 부상병들은 눈물을 흘리며 고마워했다. 당시 "대한매일신보"는 '여학생들의 의거'라는 제목으로 이 사실을 보도(1907년 8월 4일)하였다.

### 1) 남편: 서병호

서병호는 김구례의 남편으로 한국 최초 목사인 서경조 목사의 차남으로 소래에서 태어났다. 소래학교를 졸업하고, 경신학교를 1회 졸업하고 해서제일학교, 경신학교에서 교사로 학생들을 가르쳤다.

1914년 중국으로 망명해 난징(南京, 남경) 진링대학(金陵大學, 금릉대학. 1888년 선교사들이 교회에 세운 대학교)에서 공부하고, 동서인 김규식(김구례의 동생 김순애 남편)과 신한청년당을 조직하여 당수로 활동하며 김규식을 파리 강화회의에 파송하였다.

상하이(上海) 대한민국임시정부 제헌의정원 내무위원으로 활약하면서 국내로 잠입하여 독립운동 자금 모금에 힘썼다.

대한적십자회를 창설하고 남화학원을 설립하여 독립운동을 지원하였다.

광복 후 귀국하여 새문안교회 장로, 경신학교 이사장, 대한 YMCA 전시대책 위원장을 역임하고 1953년 경신학교 교장에 취임한 후 기독교학교연합회를 조직하였다.

# 7.
## 차녀: 김순애(金淳愛) 선생(1889~1976)
### - 어머니: 안성은 성도
### - 남편: 김규식(독립운동가)

독립운동가 김순애(金淳愛)선생은 1889년 5월 12일 황해도 장연군 대구면 소래 구석몰에서 김성섬(金聖贍) 집사의 4남 3여 중 차녀로 태어났다.

김순애(金淳愛)는 소래교회에서 세운 해서제일학교를 졸업한 후 서울에 있는 오빠 김필순을 따라 상경하여 함께 살며 정신여학교를 입학하였다. 김순애는 오빠집에서 살며 오빠와 오빠 친구들(안창호 등 신민회 회원)의 구국운동을 보며 자연스럽게 나라와 민족에 대해 관심을 갖게되었고, 독립운동가의 길을 가게 되었다. 김순애(金淳愛)는 기독교 학교인 정신여학교에서도 신앙교육뿐 아니라 민족교육에도 힘쓴 학교였기에 애국심이 불타올라 자연스럽게 독립운동가가 되었다. 정신여학교는 전원 기숙사에서 생활하며 학비는 무료였지만 오빠 김필순은 자기 집안 여인들이 무료교육의 해택을 받게 되면 외국의 동정을 받는 것이니 민족 긍지(矜持)에 허물이 된다고 판단하고 모두의 학비를 지불하였다.

김순애(金淳愛)는 1909년 정신여학교를 졸업하고 부산 초량초등학교 교사로 부임하여 학생들을 가르치고, 저녁에는 하숙집에서 학생들에게 우리나라 역사와 지리를 가르치며 민족의식을 고취시켰다. 그런데 이 사실이 발각되자 신변의 위협을 느끼고 중국으로 망명을 결심했다.

김순애는 1915년 9월 만주 통화현(通化縣)에서 난징(南京, 남경)으로 옮겨 난징(南京) 명덕여학교에서 공부하던 중 김규식(金奎植)과 1919년 1월 결혼하였다. 김규식은 김순애의 오빠인 김필순과 친한 친구 사이였고, 또 새문안교회에서 같이 신앙생활을 한 친한 친구였다. 두 사람은 난징(南京)의 선교사 집에서 서너 명의 증인을 두고 간단한 혼인서약과 사진 한 장으로 조촐한 결혼식을 치른 후 결혼 당일 중요한 임무를 맡긴 신한청년당(新韓青年黨)의 부름에 응하여 상하이(上海)로 이주하였다.

상하이(上海)로 이주한 김순애는 1918년 여운형(呂運亨), 서병호(徐丙浩), 조소앙(趙素昂), 김철(金澈), 조동호(趙東祜) 등이 조직한 "신한청년당"에 입당하여 이사로 활동하였다.

**"신한청년단"은 1919년 1월 18일부터 개최되는 "파리강화회의"에 김규식을 대한민국 대표로 파견**하여 일본의 식민지 통치를 거부하며 한국 독립을 호소하려고 준비하고 있었다. 그리고 만주, 연해주, 국내는 '파리강화회의'에 한국 대표 파견 사실을 알리고 동조를 위해 각 지역에서 시위투쟁을 전개하도록 촉구할 대표를 파견하기로 결정했다. 이는 국내와 만주에서 일시에 거족적인 봉기를 일으켜 우리 민족 전체가 진정으로 일제의 식민지 통치를 거부하며 민족 독립을 염원하고 있다는 사실을 세계만방에 알리기 위함이었다.

그리하여 '신한청년당(新韓青年黨)'에서는 미국의 로녹 대학교

(Roanoke College)를 졸업하여 영어에 능통한 **김규식을 "파리강화회의"의 한국 대표로 선정**하였다. 김규식은 1919년 1월 파리로 출발했다.

'신한청년당(新韓靑年黨)'은 바로 파리대표단 지원과 독립운동 촉구계획을 실천에 옮겼다. 김순애 신우혁 김철 서병호는 국내로, 여운형은 만주와 연해주로, 조소앙 장덕수는 일본 동경(東京)으로 파견하여 국내를 비롯하여 해외 한인 동포들의 독립운동 봉기를 촉구하는 역할(役割)을 수행했다.

국내로 밀파된 김순애(金淳愛)는 1919년 2월 배편으로 부산에 도착하여 부산에서 백신영(白信永), 대구에서 김마리아(金瑪利亞, 1891~1944), 서울에서 함태영(咸台永, 1873~1964)을 만나 '파리강화회의'에 한국 대표로 김규식을 파견한 사실을 전했다. 이때 김순애(金淳愛)는 3·1운동 추진에 관여하고 있던 함태영으로부터 국내에서도 천도교 기독교 불교 등 종교 지도자들을 중심으로 거족적으로 "독립선언대회"가 추진되고 있음을 알게 되었다. 이 사실을 알게 된 김순애(金淳愛)가 "3·1운동에 적극 참여하겠다"고 하였으나 함태영이 "그러다 잘못되면 파리에 가 있는 김규식의 사기에 영향을 미칠 것이고 그러면 민족 대업 완수에 지장을 줄 수 있다." 만류하여 3·1운동에 참여하지 못하고 2월 28일 중국으로 떠났다.

1919년 2월 28일 중국 여인으로 변장하고 압록강을 건너 흑룡강성(黑龍江城) 치치하얼(濟濟哈爾, 제제합이)에서 병원을 개업하고 땅을 매입하여 조선인을 위한 이상촌을 건설하고 있던 오빠 김필순을 찾아갔다. 여기서도 김순애는 국내의 3.1운동과 같은 독립 만세운동을 추진하다 일경에 체포되어 감금되었지만 중국 관원의 도움으로 상하이(上海)로 탈출하였다.

상하이(上海)에 도착한 김순애는 1919년 7월 상하이에서 이화숙(李華淑), 이선실(李善實), 강천복(姜千福), 박인선(朴仁善), 오의순(吳義順) 등과 함께 "대한애국부인회"를 조직하였다. 김순애가 회장으로 있는 대한애국부인회는 김마리아 등 정신여학교 출신들이 서울에서 비밀리에 결성한 "대한민국 애국부인회", 평양에서 김경희(金敬喜) 등이 조직한 "대한애국부인회" 등 국내외 대한애국부인회와 긴밀히 연계해 독립운동을 전개하였다.

김순애(金淳愛)는 이들 단체와 협력하면서 독립운동 자금을 모금하여 임시정부에 전달하고, 독립운동가와 그의 가족을 돌보고 해외 각지에 한국 지도자와 태극기를 제작하여 보급하였다.

1919년 8월 임시정부의 인가를 얻어 대한적십자회가 재건되자 여기에도 참여하여 사검(査檢), 이사(理事) 등으로 활동하였다. 이듬해 1월에는 대한적십자회 부설기관으로 "간호원 양성소"를 설립하여 다수의 간호원 양성에 주도적 역할을 하여 독립 전쟁에 대비하기도 하였다. 대한적십자회는 비밀리에 국내 지부를 설치하여 상호 연락하며 임시정부를 지원하고, 일본군이 만주에서 한인 동포에게 행한 학살 만행을 세계 각국의 적십자회에 알려 규탄하는 선전 활동을 펼치므로 독립운동의 외연을 넓혀갔다.

"교육은 우리 민족의 생명이다. 교육이 있으면 살고, 교육이 없으면 죽는다."라는 취지 아래 1920년 상하이(上海)의 "대한인거류민단(大韓人居留民團)"을 중심으로 해외 한인 교육의 기초를 확립하기 위한 "민족교육기금 조성 운동"이 전개되자 김순애는 솔선수범하였다. 김순애(金淳愛)는 여운홍(呂運弘)이 교장으로 있는 한인 동포 자제의 민족교육 기관인 인성학교(仁成學校) 유지비를 지원하고 학교 신축비 모금에도 노력했다.

　임시정부와 독립운동이 위축되었을 때도 김순애(金淳愛)는 상하이(上海)에서 독립운동가들의 옷 세탁은 물론 삯바느질도 하고 하숙도 치며 와이셔츠 공장도 하면서 남편의 독립운동은 물론 임시정부의 명맥을 지키고 유지하는데 필요한 자금을 마련하기 위해 피나는 노력을 했다. 특히 이 시기 임시정부가 자금난으로 곤경을 겪게 되자 김순애(金淳愛)는 1926년 7월 안창호(安昌浩), 송병조(宋秉祚), 김보연(金甫淵), 조상섭(趙尙爕), 박창세(朴昌世), 엄항섭(嚴恒爕) 등이 조직한 "임시정부 경제후원회"에 참석하여 지속적으로 후원 활동을 벌였다.

　1930년 8월 김순애(金淳愛)는 상하이(上海)에서 김윤경(金允經) 박영봉(朴英峰) 연충효(延忠孝) 등과 함께 한국독립당(韓國獨立黨) 산하의 여성 독립운동 단체로 한인여자청년동맹(韓人女子靑年同盟)을 결성했다. 이 동맹의 집행위원으로 선임된 김순애(金淳愛)는 한국독립당(韓國獨立黨)과 임시정부의 독립운동을 지원하면서 3·1독립만세운동 기념일에는 항일 격문과 전단을 제작 배부했다.

　1932년 4월 29일 윤봉길(尹奉吉) 의사(義士)의 산하이(上海) 홍커우공원(虹口公園, 홍구공원) 투탄의거(投彈義擧)로 일제의 추적이 심해지자 임시정부 요원들이 상하이(上海)를 떠나 항저우(杭州, 항주 1932년), 전장(鎭江, 진강 1935년), 창사(長沙, 장사 1937년), 꾸왕뚱(廣東, 광동 1938년), 류저우(柳州, 유주 1938년), 기장(歧江, 기강 1939년) 등지로 이동하며 명맥을 이어갔다.

　1940년 9월 중국 국민당의 후원으로 충칭(重慶, 중경)에 안착하면서 민족의 모든 역량을 대일 항전에 결집하기 위해 민족통일전선의 형성에 나서자 독립운동 단체들도 주의(主義)와 정파(政派)를 초월하여 본격적으로 통합운동을 추진하였다.

1943년 2월 23일 김순애(金淳愛)는 충칭(重慶)의 애국 부인 50여 명과 "한국 애국부인회 재건대회"를 개최하고 재출범시켜 주석으로 추대되었다. 이후 각종 매체를 통해 국내외 동포 여성들에게 민족적 각성을 촉구하며 독립운동 참여를 호소하고, 의연금(義捐金)을 모아 무장항쟁을 준비하는 광복군을 위문하는 등 독립운동 지원을 활발히 진행하였다.

1943년 5월 10일 "한국애국부인회"를 비롯한 한국독립당, 조선민족혁명당, 조선민족해방동맹, 무정부주의연맹, 한국청년회 등과 공동으로 "재중자유한국인대회"를 개최했다. 이때 김순애(金淳愛)는 한국애국인부인회 대표로 참석했고, 한국독립당 대표는 홍진(洪震), 조선민족혁명당 대표는 김충광(金忠光), 조선민족해방동맹 대표 김규광(金奎光), 무정부주의연맹 대표 유월파(柳月波), 한국청년회 대표 한지성(韓志成)과 함께 주석단의 일원으로 추대되어 이 대회를 주도하였다.

1945년 8월 15일 해방이 되자 김순애(金淳愛)는 1945년 임시정부요인(臨時政府要人) 1차 환국 때 김구(金九), 김규식(金奎植), 이시영(李始榮), 김상덕(金尙德), 엄항섭(嚴恒燮), 유동열(柳東說) 등과 같이 고국 땅을 밟았다.

1946년부터 1962년까지 모교인 정신여자중 고등학교 재단 이사장과 이사로 여성교육계에 공헌하고 1976년 5월 17일 87세 일기로 하나님의 부르심을 받았다.

# 8.
# 삼녀: 김필례(金弼禮) 권사
### (1891년 12월 19일~1983년)
### - 남편: 최영욱 의학박사. 전남도지사.

김필례(金弼禮) 권사는 황해도 장연군 대구면 소래 구석몰에서 아버지 김성섬 집사와 어머니 안성은 성도의 막내딸로 태어났다.

소래교회에서 설립한 해서제일학교(海西第一學校)를 졸업하고, 1903년 서울 연동여학교에 입학하여 두 번 월반하고, 1907년 연동여학교(蓮洞女學校) 1회 졸업생이 되었고 졸업 후 연동여학교 수학 교사로 재직하였다.

1907년 일본이 대한제국 군대 해산으로 무력충돌이 발생하자 오빠 김필순을 도와 부상병을 간호하면서 이 끔찍한 현장을 목격(目擊)하며 유학을 결심하게 되었다.

1908년 관비유학생(官費留學生) 자격이 주어지는 일본 동경여자학원(東京女子學院, 선교사들이 운영하는 기독교 학교) 중등부에 입학하여 역사를 전공하고 1913년 졸업하고, 고등부를 1916년에 졸업했다. 1914년 영화음악전문학교(英和音樂專門學校)를 같이 수학(受學)하였다. 1915년 4월 동경 여자유학생이 모여 "동경여자유학생친목회(東京女子留學生親睦會)"를 조직하고 김필례(金弼禮)가 회장으로 추대되었다. 이 친목회는 단순한 친목회가 아니고, 한국여성계의 광명이 되어 스웨덴의 여성해방론자 엘렌 케이(Ellen Key)와 같은 이상적 부인의 삶을 창조하는 데 목적을 두었다. 김필례 권사가 귀국한 후 조카 김마리아가 회장직을 이어받아 우리나라 최초의 여성 유학생 교양 잡지 "여자계"를 1917년 12월 출간하였다. 일본 유학 시절에 기독교 청년연합회(YWCA)에서 활동하며 식견을 넓혔다.

1916년 동경 여자학원 고등부와 영화음악전문학교(英和音樂專門學校)를 졸업하고 귀국하여 4월부터 정신학교 교사로 근무하게 되었다.

1918년 6월 20일 의사 최영욱(崔泳旭)과 결혼하여 정신여학교 교사직을 사임하고, 시댁이 있는 광주에서 살게 되었다. 결혼 후 오빠 김필순이 치치하얼(濟濟哈爾, 제제합이)로 들어와 함께 일하자고 보내온 제안이 의미와 보람이 크기에 반갑게 받아들여 흑룡강성(黑龍江省) 치치하얼(濟濟哈爾)에 봉사하러 갔다. 남편 최영욱은 병원 일을 하고, 김필례 집사는 주로 농사짓는 농민 동포들의 무지를 일깨우는 일을 열심히 했다. 이때 첫아이를 임신하게 되었다. 임신으로 인한 건강 악화와 시어머니의 곤경을 듣고 귀국해 광주 수피아여학교에서 교사로 근무하게 되었다.

김필례 권사의 남편 최영욱의 형 최흥종 목사[70]는 광주에서 영적인 거인이었다. 최흥종 목사가 나환자들을 위해 온 몸을 던져 헌신하자 집안 모든 일은 동생 최영욱과 김필례 권사의 몫이 되었다. 김필례 권사는 평소에 "배우지 못한 자보다 배운 사람이 뚜렷이 낫다는 표본을 보여야 한다"고 강조하였고 실천했다.

---

[70]　참고 문헌: 「장연기독교 120년사」 「숨겨진 한국 교회사」

1919년 3.1독립만세운동의 도화선이 된 2·8 독립선언문은 조카 김마리아(金瑪利亞, 1891~1944)가 광주 수피아여학교에 근무하고 있는 고모 김필례(金弼禮) 권사를 찾아와 일본 동경에서 일어난 2·8 독립선언대회를 알리고 독립선언문을 복사하여 서울로 가져갔다. 1919년 3월 아들 제화(濟華)가 태어났지만 1920년 1월 아들이 뇌막염으로 세상을 떠났다. 이 충격으로 남편 최영욱은 미국으로 유학을 떠났다. 아들을 잃고 남편도 곁에 없자 일에 더욱 몰두하였다.

1922년 4월 김활란(金活蘭)과 함께 중국 베이징(北京)에서 개최된 세계기독교학생대회(WSCF)에 참석했다.

6월 중순에는 하령회를 조직하여 김활란(金活蘭) 유각경(兪珏卿)과 대한여자기독교청년연합회(YWCA)를 조직한 뒤 총무가 되어 기독교 청년 여성을 위한 교육헌장을 마련하였고, 농촌운동과 여성의 지위 향상을 위해 힘썼다.

1923년 광주 수피아여학교를 사임하고 다시 정신여학교에 근무하기 시작해 1924년 12월까지 교무주임을 맡았다.

1925년 1월 선교사들의 도움으로 미국으로 건너가 아그네스스콧 대학에서 1926년 6월까지 공부하여 학사학위를 받고, 1927년 뉴욕 컬럼비아대학에서 석사학위를 받았다. 1926년에는 미국 프린스턴에서 개최된 세계기독교 학생대회(WSCF)에 참석하였다.

이후 여성운동이 사회주의와 민족주의의 계열로 분열되자 신간회(新幹會)의 자매단체로 1927년 근우회(槿友會, 槿: 무궁화, 우리나라를 다른 이름으로 표현)를 조직했다.

1927년 7월부터 1938년 6월까지 수피아여학교 교감으로 재직 중 신사참배를 거부하여 일본 경찰에 체포되어 옥고를 치르고, 학교는 폐교되었다.

1928년 인도에서 개최된 세계기독교 학생대회(WSCF)에 참석하였고, 각종 토론회의 강사로 활약해 조선기독교청년회(YMCA, YWCA) 활동에 크게 기여했다.

1945년 해방 후 수피아여학교 복교에 힘쓰고, 복교 후 광주 수피아여자중학교 교장으로 취임하였다. 일제에 의해 폐교된 정신여학교도 김필례 선생이 노력하여 1947년 7월 12일 미군정 당국으로부터 재인가를 받아 복교되었고, 복교된 1947년 정신여학교 교장이 되었다. 이때 이런 일화도 있다.

정신여학교 교장으로 있던 김필례 선생이 학교 재정을 걱정하자 형부인 김규식이 첫해의 교직원 월급을 부담하겠다고 약속하였다. 형부 김규식 선생의 형편을 잘 알아 미안하였지만, 월 말이면 언니네가 살고 있는 삼청장으로 가 도움을 받아야만 했다. 일 년을 이렇게 정신학교 살림을 꾸려가니 1948년 학생이 450명이 되어 자립하게 되었다. 어려운 환경 속에서도 국가의 미래를 위해 끝까지 힘을 쏟는 이 가문을 보니 존경스럽고 머리가 숙여진다.

1950년 4월부터 대한예수교장로회 여전도대회 회장을 역임하고, 6월 미국 북장로교 여신도 4차 대회에 참석했으나 6·25 전쟁으로 귀국하지 못하고 일 년 가까이 미국 19개 주를 순회 강연하여 조국의 참혹상을 알리고 도움을 요청했다. 8월에 남편 최영욱 박사가 공산군에게 총살당해 순국하였다.

1951년 7월 미국에서 귀국하여 부산 피난 학교를 운영하였고, 미국에서 모은 구호 물품이 부산에 도착하였으나 김필례 본인의 서명이 있어야 인계할 수 있다고 하여 직접 현장으로 가 서명하고 수령해 필요한 곳으로 분배하였다.

1948년 장로교 교계 지도자인 한경직, 유호준, 안광국 목사 등의 지원을 받아 기독교 여자대학 설립을 추진하였다. 미국 북 장로교 여전도회 대표 마거릿 플로리(Margaret Flory) 선교사를 만나 한국에 기독교 여자대학 설립의 필요성을 설명하고 설득하여 기독교여자대학 설립 계획서를 달라는 답을 들었다. 이후 미국장로교 연합선교본부에서는 새로운 대학 설립의 타당성을 살펴보기 위해 대표들을 파견하였고, 1957년 총회에서 장로교 여자대학 설립 건이 통과되었다. 태릉에 있던 장로교 신학교가 광나루로 이전하게 되어 그 땅을 사들였고, 옆에 있던 땅 3만 7천 평을 더 확보하여 7만 평의 땅을 확보하여 서울여자대학교를 설립하게 되었다.

1961년 7월 박정희 정권이 들어서며 사회정화 차원에서 한 사람이 오랫동안 연임하는 것을 금지해 정신여학교 교장직에서 물러났다. 1962년 정신학원 이사장 역임하고 그 후 명예 교장, 명예 이사장을 지냈다. 김필례 권사는 1983년 하나님의 부름을 받고 소천하였다.

8장

# 소래교회에서
# 세운 지교회

# 1.
# 봉대교회(구미포교회)

봉대교회는 황해도 장연군 대구면 구미포리에 세워진 교회이다. 소래에서 해변으로 약 4㎞ 내려가 형성된 마을이다. 구미(九美 또는 龜尾<거북의 등과 같다는 뜻>)의 뜻은 이곳 절경이 아홉이라 하여 붙여진 이름이라고 할 만큼 경치가 아름다운 마을이다.

봉대교회 설립은 1914년 4월 4일로 전해진다. 설립자는 소래교회 설립자요, 목회자인 서경조 목사가 전도하여 시작되었다. 설립교인의 명단은 알 수 없지만, 소래교회에 출석하던 교인들이 예배처소로 가정집에서 모여 예배드려 설립된 것 같다. 1925년 황해노회의 교회설립 인허를 받아 노회 등록교회가 되었다.

교회가 부흥되어 1931년 예배당을 건축하고 헌당예배를 드렸다.

시무장로는 최치헌(崔致憲, 1926년 4월 4일 장립), 이만실(李萬實, 1931년 7월 22일 장립), 윤상덕(尹相德, 1934년 6월 19일 장립) 등이 봉직하였다.

역대 시무교역자는 진학철 목사, 허간 목사, 이관영 목사가 시무하였다.

# 2.
# 송탄교회

송탄교회는 대구면 송탄리에 있는데 소래교회에서 동쪽으로 약 5㎞ 떨어져 있다. 전도자와 설립 교인은 알 수 없지만, 정필원 장로가 설립연도에 장립을 받은 것으로 보아 소래교회 교인들을 중심으로 분리 개척한 것으로 보인다.

설립연도는 1937년 5월 18일(장로교 연감에 근거 함)이다.

장로는 정필원(鄭弼源, 1937년 12월 29일 장립)이 봉직하였다.

교역자는 허간 목사가 시무하였다.

# 3.
# 서의동교회(西儀洞敎會, 서꼴교회)[71]

서의동교회는 소래교회에서 복음을 듣고 믿게 된 이대곤(李大坤) 성도가 창립한 교회이고, 내가 가장 사랑하는 손녀 장이슬(내가 이슬이 결혼식장에서 눈물을 흘렸다고 지금도 둘째 아들이 이야기한다.)의 남편인 장재우 목사 부친의 고향교회이다.

서의동교회는 황해도 장연군 신화면 서곳리(광천리) 서의동(서꼴)에 세워진 교회이다. 신화면은 장연읍에서 서북쪽 해안에 위치한 면인데 서의동은 해안에서 약 8㎞ 떨어진 심산유곡이요, 소래에서는 도보로 하룻길이다.

서의동교회는 1884년도에 설립되었는데, 소래교회에서 복음이 직접 들어와 세워졌으며 성도들이 선교사 도움 없이 소래교회를 본받아 자력으로 예배당을 건축한 우리나라에서 두 번째 세워진 교회라고 이 교회 출신 목사들은 대단한 자부심을 가지고 있다.

---

71)　참고 문헌: 「장연기독교 120년사」 「숨겨진 한국 교회사」

이대곤 성도의 자부 이순애(李順愛) 권사의 증언에 의하면[72]

"서꼴교회의 설립자는 이대곤(李大坤)성도다. 이대곤 성도의 부친은 사업차 서울 등지를 자주 왕래하였으며, 부친 별세 후 아들 이대곤이 부친의 가업을 계승하여 서울 등지를 자주 왕래했다. 서울을 왕래할 때 소래가 하루 길이어서 소래에서 하룻밤을 쉬게 되는데 이때 소래 사람과 친분을 쌓게 되었다. 이때 복음을 듣고 믿음을 가지게 되었고 동생 형곤(亨坤), 석곤(錫坤)을 믿게 하여 이들 삼 형제가 교회를 설립하여 예배를 드리면서 초가 6칸의 예배당을 건축하였다. 이후 교회가 부흥되자 10칸 기와집 예배당을 1897년에 건축하였다."

이대곤 성도에게는 딸이 있었는데 서꼴에 믿는 청년이 없어 소래의 믿는 청년에게 출가시켜 서꼴교회와 소래교회는 유대를 더욱 강화하게 되었다.

1894년 동학란으로 전국이 몹시 혼란할 때 이대곤 성도와 서꼴의 주민들이 소래교회로 피신하여 목숨을 건졌고, 이때 믿음이 굳건해져 서의동교회는 크게 부흥하게 되었다. 그리고 동학란과 청일전쟁을 무사히 넘긴 서의동교회는 하나님의 은혜에 감사하여 기와집 예배당을 건축하게 되었다.

예배당 건축의 주역은 이대곤, 이형곤, 이석곤, 이인석(이종겸, 이종규 목사 조부), 장치권(장영춘, 장성춘 목사 조부), 이기언(이종겸 목사 5촌 숙부) 등 여덟 가구가 합심하여 기와집 10간의 예배당을 건축하였다. 본래 이 여덟 가구는 천도교도들인데 천도교의 교리가 잘못되었

---

[72] 「장연군 기독교 120년사」에서 발췌

음을 깨닫고, 이대곤 성도의 전도로 개종하여 서의동교회의 기초가
되었다.

이후 소래교회처럼, 교회 옆에 사립학교도 건립하여 초기 기독교
개화 교육의 초석이 되었다. 우리나라 많은 초대 교회들은 소래교회
를 본받아 교회를 세우면 학교를 세워 어린이전도와 국민교육에 힘
써 차세대 지도자를 양성하였다. 성북교회 이종겸 원로목사가 3~4
년 간 교사로 봉직하였다.

이와 같은 전통은 장로교 창설자 요한 칼빈(John Calvin)의 "교회 옆
의 학교"라는 슬로건과 일치한 것이다.

서의동교회가 주체가 되어 이웃에 교회가 연차적으로 설립되었는
데 휴동교회(休東, 창몰, 샘물리), 휴서교회(休西, 부영매), 백촌교회(白
村, 사가위), 청산교회(靑山, 1906년 5월 21일), 자양동교회(紫陽洞, 반양
몰), 삼언리(긴골)기도처, 신흥(오류지)기도처다.


**- 역대 당회장**

언더우드, 이승철, 김덕희, 김윤점(순교), 김종삼(순교), 김용국(순
교), 권오균, 박경구(순교), 이근필, 오순영


**- 시무 교역자(조사)**

정규삼, 김홍수, 민웅열, 정호영, 이학선, 서동혁, 이윤호, 이범만,
윤두환


**- 시무장로**

이기언(1897년), 한치조(1912년), 장규환(1917년), 장웅환(1930년),

서의동교회 장덕선 장로 장립 기념(1941,9,19)

장덕선(1941년 9월 16일, 장덕용 집사 형〈장운환 목사부〉)

### - 출신 목사

장덕호(안암제일교회 시무, 경기노회장, 총회부총회장),

이종겸(성북교회 시무),

장영춘(혜성교회, 뉴욕 퀸즈장로교회 시무, 미주한인교회총회장),

이종규(금성교회시무),

장성춘(안암제일교회 시무, 경기노회장),

장운환(천우교회 시무).

# 4.
# 소래목동교회

**목자(牧者)들의 샘(泉)을 찾아서**

**목자(牧者)들의 샘(泉)이 있는 목동(牧洞, 牧者들의 동네)에 복음이 들어온 유래를 소개한다.**

황해도 장연군 대구면(大救面) 금수리(金水里) 목동(牧洞)에 복음을 처음 전한 선교사는 토마스 목사이다. 목동섬(牧洞島) 사람 김자평(金子平)이 천주교의 박해를 피해 1865년 봄 중국 산둥성(山東城) 즈푸(芝罘, 지부)로 노피했다.

**토마스 선교사**는 윌리엄슨 선교사 집에서 목동 사람 김자평을 만나 깊은 이야기를 나누던 중 천주교 신자임을 알고 복음에 대해 전했다. 김자평이 복음을 알지 못하고 성경이 있는 것조차 몰라 토마스 선교사는 한문 성경으로 복음을 전해 천주교에서 개신교로 개종시켰다. 그리고 "길 잃은 양들이 있는 조선으로 돌아가 복음을 전하라" 권하였다. 그러자 김자평 성도는 "우리에게 조선으로 돌아가라는 것은 맞아 죽으라는 것과 같으니 돌아갈 수 없다" 하였다. 그러자 토마스 선교사는 "그건 맞아 죽는 것이 아니라 주님을 위해 순교하는 것입니다"라고 성경 말씀을 보여주며 설명해 주었다. 복음을 듣고 믿게 된 김자평 성도는 "나도 죽음을 각오하고 조선으로 돌아가겠으니 선교사도 나와 함께 조선으로 가서 복음을 전해달라"고 요청했다. 토마스 선교사는 김자평 성도의 요청을 받고 1865년 9월 4일 김자평과 함께 중국 즈푸(芝罘)를 떠나 9월 13일 백령도에 도착하였다.

백령도에서 한문 성경과 전도지를 나눠주며 열심히 전도하였고, 김자평의 고향인 대구면 목동과 소래를 포함한 대구면 해안을 따라 복음을 전했다. 다시 백령도로 돌아가 복음을 전하고 서울로 복음을 전하려고 출발하였다 풍랑을 만나 배가 파선하여 헤어져 토마스 선교사는 중국으로 돌아간 후 다시 복음을 전하러 조선에 왔다 순교하였다. 김자평은 토마스 선교사의 순교 소식을 듣고 평양을 올라가 이 사건에 대해 자세히 알게 되었고 토마스 선교사의 순교의 의미를 가슴 깊이 새기고 있었다. 그리고 그는 때를 기다리며 묵묵히 복음을 전하며 살고 있었다.

토마스 선교사가 순교 당한 후 이 사건을 조사하기 위해 와츄셋 (Wachusett)호를 파견할 때 통역관으로 **콜벳 선교사**가 동승(同乘)하여 1867년 1월 23일 목동포에 입항하여 김자평을 만났다. 김자평은 토마스 선교사 순교 사실을 상세히 들려주었고, 7일 동안 목동에서 한문 성경과 전도지를 나누어 주며 대구면 해안에서 복음을 전하였다. 그러나 복음의 씨앗이 피어오르지 않았고 소멸되는 것 같았다.

이후 미국에서 셔먼호에 대해 항의하러 왔을 때 마티어 선교사가 동승(同乘)하여 황해도 은율군 장련면 오포리에 도착하여 김자평 성도를 만나 토마스 선교사 순교에 대해 상세한 설명을 들었다. 김자평 성도는 순교를 각오하고 당당하게 마티어 선교사와 함께 황해감사에게 항의하다 서양인과 내통한 죄로 참수되어 순교하였다. 한국 기독교 신자로 토마스 선교사의 순교를 증언하다 순교한 **김자평은 한국기독교 첫 순교자**가 되었다.

이 복음의 씨앗은 김자평 성도가 서양인과 내통한 죄로 1868년 4월 23일 참수형을 당해 순교한 지 15년 후인 **1883년에 솔샘(松泉, 소래교회)을 통해 생명수가 넘쳐흘러 큰 구원**을 이루었고, 소래교회가 세워지고 45년이 지난 1928년에 소래목동교회(松泉牧洞教會)가 세워졌다.

**목동(牧洞) 이름의 뜻**은 목동(牧洞)의 牧은 "기를 목, 다스릴 목" 자다. 이름을 풀이해 보면 대구(大救)는 **"큰 구원이 일어난 고을"**이요, 금수리(金水里)는 **"금같이 귀한 생명수가 흐르는 마을"**이며 목동(牧洞)은 **"주의 종 목사가 배출되는 동네"**라는 뜻이라고 풀이할 수 있다. 이 뜻을 역으로 엮어보면 **"목동에서 배출된 주의 종을 통해 하나님의 생명수가 흘러나와 죽어가는 죄인들에게 마시게 하여 큰 구원이 일어난다는 뜻"**이니 참으로 놀라운 이름이다.

놀라운 것은 대구면에는 대구리(大救里)가 없고, 금수리에도 금수동(金水洞)이 없다는 것이다. 지리적으로 보면 '송천이 송천면'이여야 하고, '목동이 금수동'이어야 한다. 왜냐하면, 대구면 사무소가 있는 곳이 송천이고, 해저에 샘이 있어 금같이 귀한 생명의 물을 공급하는 금수리에 목동이라는 이름이 지어졌기 때문이다. 그러나 그 이름 속에 우리 가문을 통해 이루어 가실 하나님 나라에 대한 원대한 놀라운 계획이 담겨있음을 본다. 이 하나님의 계획이 우리 가문의 꿈이 되어 목자들의 샘을 통해 하나님 나라를 아름답게 이루어 가길 소망하며 간절히 기도하고 있다.

목동 샘(牧者들의 泉, 목자들의 샘, 지름 약 2m)은 하나님께서 우리 가문을 위해 불타산에서 지하로 수로를 만들어 주시어 소래목동교회 지하를 지나 해변 자갈밭에서 생수(生水)가 솟아 올라와 이 생수를 마시며 살게 하셨다. 바닷물이 들어오면 목동 샘이 바닷물에 잠기지만 썰물 땐 목동 샘이 나타나 이 생수를 마실 수 있었다. 그러므로 이 물은 아무 때나 마실 수 없었고, 하나님께서 허락하신 때에만 얻을 수 있었다.

나는 하나님께서 주의 종 목자(牧師)들을 위해 이 샘을 허락하셨다고 생각하며 이 물을 늘 그리워하며 살아가고 있다. 그래서 이 생수를 생각할 때마다 "성전 문지방 밑에서 흘러나온 물이 흘러내려 바다에 이르니 바닷물이 되살아나고, 이 강물이 이르는 각처에 모든 생물이 살아날 것이며 강 좌우 가에는 각종 나무가 자라서 시들지 아니하고 열매가 끊이지 않고 달마다 맺어 열매를 먹고 그 잎사귀는 약재료로 사용되는 역사가 이루어지리라"라는 에스겔 47장 말씀이 떠오른다. 영적으로는 소래목동교회를 통해 흘러나오는 영생수가 강같이 흘러 우리 가문에 공급되어 주의 종 목자들이 날마다 새 힘을 얻어 하나님 나라 확장을 위해 온 열정을 다하는 모습이 참으로 대견하다.

위성사진

    **소래목동교회 예배당**은 육도와 서해가 잘 보이는 해변 언덕 위에 세웠기에 서해의 아름다움을 품에 안은 듯 한눈에 들어왔다. 예배당은 8칸 한옥 초가집으로 출입문은 바다 쪽에서 보면 남자 출입문은 오른쪽, 여자 출입문은 왼쪽에 있어 남녀석이 구분되었지만, 칸막이는 없었다. 강단은 북쪽 중간 두 칸을 약 1.5m를 달아내었다.

    **소래목동교회 설립**은 소래교회 청년 김명선(의학박사, 연세대학 부총장)이 유학을 준비하고 있을 때 소래교회 파송을 받고 유학을 떠날 때까지 목동에서 소래교회에 출석하는 교인들과 함께 전도하여 1928년부터 소래교회에서 분리하여 소래목동교회를 세웠다.

    **소래목동교회 예배당 건축**은 장계수 집사가 토지와 목재를 제공하고, 성도들이 힘을 모아 예배당을 건축하였다.

나 장예숙(장철수 목사 개명 전 이름)은 예배당을 건축하는 모습을 보았다. 내가 11세인 1933년 3월 26일 주일인 부활주일에 3살 위 장치수 형의 전도로 소래목동교회에 등록하였다. 소래목동교회에 출석한 지 한 달 후 예배당이 완공되어 1933년 4월 30일 입당예배를 드렸다. 매년 이날을 기념하여 예배를 드려서 나는 입당일을 지금도 정확히 기억하고 있다.

하나님께서 아브람에게 "너는 너의 고향과 친척과 아버지의 집을 떠나 내가 네게 보여줄 땅으로 가라. 내가 너로 큰 민족을 이루고 네게 복을 주어 네 이름을 창대하게 하리니 너는 복이 될지라."(창12:1-2) 약속하신 언약을 나에게도 동일하게 주셨다. 아브람에게는 자신의 의지대로 우상을 섬기는 아버지의 집과 고향을 떠나게 하셨다. 하지만 어린 소년이었던 나에게는 자신의 신앙고백을 통해 우상 섬김의 자리에서 떠난 것이 아니고 성령님의 역사로 제사를 폐(廢)하게 해 주셨다. 하나님께서 직접 책임지시고 실행하시는 참으로 놀라운 언약의 성취를 보게 된다.

할아버지께서는 어린 손자가 11세 때 교회를 다니기 시작하자 "손자가 교회를 다니며 예수를 믿고, 성경을 선반 위에 올려놓았으니 지금부터는 우리 집에서 두 신을 섬길 수 없다." 하시며 어린 철부지 손자의 뜻에 따라 제사를 폐하셨다. 지금 돌아보니 할아버지께서는 이미 소래교회를 통해 하나님께서 살아계심을 믿고 계셨던 것 같다. 그러기에 집안 대대로 내려오던 제사를 폐하실 수 있었다고 생각된다. 할아버지의 신앙고백을 듣지 못해 참으로 아쉽다. 나는 예수님을 믿기 시작한 이후 한 번도 제사 드리지 않았다.

하나님께서 아브람에게 "너는 너의 고향과 친척과 아버지의 집을 떠나라" 하신 명령이 어린 소년이었던 나에게도 동일하게 내리셨다고 생각한다. 이 명령은 물리적인 떠남이 아니고 신앙의 떠남, 분리를 요구하신 것이었다. 또 이 명령은 어린 소년인 나에게도 주셨지만 나에게 지킬 수 있는 믿음이 없었음에도 예수를 믿기 시작한 그해부터 하나님께서 금하신 우상 앞에 제사 드리는 악습을 버리고 온전한 예배자로 바뀐 나의 모습에서 성령님의 강력한 역사를 확인할 수 있었다. 그리고 우리 가문에 내리신 복을 보면 확실히 느낄 수 있다.

나는 1939년 4월 소래교회 이승철 목사에게 학습, 1939년 11월 소래교회 허간 목사에게 세례를 받았고 18세인 1941년에 소래교회 마지막 당회장 허간 목사에게 서리집사 임명을 받고 집사로 목동교회를 섬겼다.

나는 1933년 3월에 소래목동교회에 출석하였으며, 4월부터 소래교회에서 세운 **해서제일학교에 입학**하였다. 내가 해서제일학교를 다닐 때는 전교생 조회시간에 동방요배를 하지 않았다. 그런데 송천심상공립소학교에 진학하자 전교생 조회시간에 동방요배를 하는데 학생들이 고개를 숙이지 않고 꼿꼿이 서서 동방요배를 거부하는 학생들이 있었다. 거부하면 경찰에게 붙잡혀 가 혼이 나면서도 소래교회 출석하는 구석몰 학생들은 거부하였다.

해서제일학교 다닐 때 친구들과 마주 앉아 식사하던 중 한 친구가 반찬으로 조기를 나눠주어 맛있게 먹고 있는데 "어젯밤에 제사를 지내 조기 반찬을 가져왔어."라고 말하자 친구 윤두표(월남 후에 장로가 됨, 인천 ○○여자 고등학교 교장)가 일어나더니 창문을 열고 입에 있는 음식물을 뱉어 버리는 모습을 보았다. 이때 예수 믿는 사람은 제사 음식을 먹으면 안 되는 줄 알게 되었고 그 후 지금까지 한 번도 제사 음식을 먹지 않았다.

장연군 내에는 기독교 교세가 강했지만, 교역자가 부족하여 교역자를 모신 자립교회 장로나 집사들이 순회하며 예배를 인도하는 실정이었다. 성경을 배우고 싶어 하는 평신도들이 재령성경학교에 가서 배우는 것이 현실적으로 어려웠다. 이를 위해 기도하시던 장연군 목사님들이 뜻을 합하여 장연읍교회(여운원목사 시무)에서 교역자 양성을 위한 장연성경학교를 시작하였다.

**나는 장연성경학교를 개교하는 1945년에 입학해 1947년 피난 떠날 때까지 공부하였다.**

이때 성경 말씀을 체계적으로 배워 보수 신앙에 깊이 뿌리를 박게 되었고 이것이 우리 가문 신앙의 기초가 되었다.

장연성경학교 교장은 이승철 목사님이었고, 박경구 목사(소요리 문답), 여운원, 정일선, 오순형, 박성점 목사 등이 성경과 교회정치 등을 강의해 주셨다. 그리고 교무는 박창환(장신대 학장) 조사였다. 이때 학생들은 한 반에 5~60명이었는데 월남 후 많은 졸업생이 신학을 하고 목사가 되었다는 소식을 들었다.

**일제 말에 교회 박해**가 시작되었다. 1942년 일본은 우리나라 기독교 교파의 고유한 이름을 사용하지 못하게 하고 일본 기독교 교단에 예속시켰다. 그리고 치안을 담당하고 있는 주재소에서 예배드리기 전에 일본식 국민의례를 지키도록 명하였다. 일제 말에 일본 순경이 예배당 밖에서 총을 들고 감시하였다. 출애굽기를 본문으로 설교하는 것을 금했고 "십자가 군병들아 주 위해 일어나" 등 찬송가도 금지곡으로 정하여 부르지 못하게 했다. 또 월요일에 예배상황을 보고하도록 하였고 이를 어겨 붙잡혀 가면 고초를 당했다. 당시 이북교회 가운데는 예배상황을 보고하지 않아 폐쇄당하는 교회가 많아졌다. 소래목동교회도 일제가 1943년 강제로 폐쇄(閉鎖)시키고 공회당으로 사용하도록 하였다.

나는 예배드리다 발각되면 순교도 각오(징용에서 탈출하여 숨어지내고 있는 죄. 예배드린 죄)해야 하는 참으로 안타까운 현실이었고 시간이었다. 그러나 나는 집에서 예배를 드리며 소래목동교회를 유지하고 있었다. 이 사실을 동네 사람들이 알고 있었지만, 목동 사람들은 그 누구도 일경에 신고하지 않았고 계속 예배를 드릴 수 있었다. 눈앞에 예배당은 그대로 있는데 예배당에 들어갈 수 없고, 예배당은 공회당으로 사용되고 있지만 회복할 수 없는 나의 나약함에 다윗처럼 주의 전을 사모하며 주님께 성전회복을 위해 밤낮 눈물로 간구하며 지낼 수밖에 없었다.


**소래목동교회 재건과 첫 목회사역(3년)에 대해 살펴본다.**

해방 후 나는 2년간 장연성경학교에서 존경하는 훌륭한 목사님에게서 성경을 체계적으로 배웠기에 조사로 섬길 수 있었지만, 소래목동교회에서는 집사로 섬겼다.

1945년 해방이 되자 나는 소래목동교회 재건을 위해 열심히 전도하기 시작하였다. 그러나 함께 예배드릴 성도가 없어 동네 어린아이들을 먼저 전도하여 우리 집에서 주일학교부터 시작하였다. 이 소식을 들은 초등학교 교사인 노유황 선생이 타지에서 근무하다 집에 오면 함께 예배드리며 주일 학생들을 가르쳤다.

이렇게 예배를 인도하며 소래목동교회를 재건하고 있을 때 장인 이신영 장로께서 사위가 혼자 고생한다며 부흥회를 인도해주셨다. 나는 동네 어른들을 찾아다니며 부흥회를 하니 꼭 참석해 달라고 부탁하였다. 부흥회에 참석하겠다는 약속은 많이 받았는데도 한 분도 오시지 않아서 나는 그분들이 어디서 무엇을 하고 계시는지 알고 있기에 찾아가 화투 치고 있는 분들의 손을 잡고 끌고 왔다. 예배처소에 앉혀놓고, 다른 집에 가서 또 화투 치고 계시는 분들에게 "아저씨 교회에 갑시다." 하며 손을 잡고 예배처소에 앉히고 부흥회를 마쳤다. 그때 장년 30여 명 등록하고 결신(結信)을 하게 되었는데 내 나이 23세 때다.

이 시절 우리 민족의 가장 큰 악습 중 하나는 도박이었다. 겨울이 되면 하는 일이 없어 집에서 놀고 있으니 남자들이 모여 처음에는 재미 삼아 화투놀이를 했다. 그러다 판돈이 커져 가산을 탕진하게 되고, 어떤 사람들은 자식도 부인도 팔아 버리고, 어떤 사람은 "내가 다시는 도박하면 개자식"이라 하며 엄지손가락을 자르고 난 후 손가락이 다 낫기도 전에 다시 화투판에 뛰어들기도 하였으니 도박이 우리 민족에게 얼마나 큰 피해를 주었는지 알 수 있다.

나는 해방이 되자 이런 악습을 폐하기 위해 곧바로 청년회를 조직하여 회장으로 활동하였다. 청년회 운동의 목표는 "도박하지 말자" "술 먹지 말자"였다. 이때 청년회 회원들이 이 운동은 청년회원뿐 아니라 마을 전체 운동으로 승격시키기로 결의하였다. 청년회의 운동은 "도박하지 말자.", "술 만들지 말고, 술 팔지 말고, 먹지 말자"였다. 이 운동을 열심히 전개했는데 청년들이 좋은 일 한다며 동네 어른들의 호응이 대단히 좋았다.

열심히 전도하여 교회가 부흥되자 집안이 좁아 예배를 드릴 수가 없었다. 이 사실을 알게 된 믿지 않는 동네 어른들이 일제가 강탈해 마을 공회당으로 사용하게 하던 예배당 건물을 다시 소래목동교회 예배당으로 사용하도록 허락해 주었다. 빼앗겼던 예배당 건물에 다시 소래목동교회 간판을 붙이고 예배를 드릴 수 있게 되어 소래목동교회는 나의 첫 목회지가 되었다.

하나님의 섭리 아래 우리나라는 1945년 8월 15일 해방되었다. 그러나 불행하게도 38 이북은 소련군이 점령하여 공산정권을 세웠다. 공산주의자들이 주장한 사회는 "봉건 지주제도"를 타파하여 부자도 가난한 자도 없는 완전한 평등 사회를 세우겠다고 주장하였다. 그리고 **교회에 대한 탄압**이 대대적으로 일어나 1946년 교회 재산을 몰수하기 시작했다.

또 17세 이하의 미성년자에게는 기독교 교육이 금지되었다. 뿐만 아니라 1946년 10월 선거를 주일에 실시하고, 김일성 임시정부의 반대 세력인 기독교 지도자들은 모두 붙잡아 투옥하기 시작했다. 이처럼 공산당이 들어와 다시 교회 박해가 시작되자 목회자들은 생명의 위협을 받게 되자 남한으로 월남하기 시작했다. 마을마다 공산당 조직이 있어 피할 곳이 없게 되었지만, 목동에는 공산당원이 한 명도 없었다. 왜냐하면, 소래목동교회로 인해 마을 사람들의 가슴에 하나님의 사랑이 자리 잡고 있었기 때문이었다. 그래서 다른 지역의 목사님들은 공산 당원에게 발각되어 잡혀갔지만 소래목동교회가 있는 금수리 목동은 공산당원이 한 명도 없어 안전하게 월남할 수 있다는 소문을 들은 목사님들이 목동에 오셔서 나에게 남쪽으로 내려갈 배편을 부탁하시어 많은 목사님의 월남을 도왔다. 특별히 우리 가정을 믿음으로 돌봐주신 소래교회 허간 목사님도 가족을 데리고, 이삿짐을 소달구지에 싣고 오셨다. 내가 이웃집에 살고 있던 뱃사공에게 부탁하여 백령도로 무사히 월남(1947년 5월 23일) 하신 후 백령도에서 목회하시며 여생을 보내셨다.

나는 다음 날인 1947년 5월 24일 월남하므로 소래목동교회의 문은 굳게 닫혔다.

# 맺는 글

공산당의 박해를 피해 우리 가정까지 월남하니 소래목동교회는 또다시 문을 닫게 되었다. 소래목동교회 만이 아니고 북한의 교회들이 문을 닫았고, 주의 종들은 믿음을 지키기 위해 월남하여 남한에서 교회를 세우고 복음을 계승시키며 하나님나라를 확장하고 있다.

나도 믿음을 지키기 위해 월남하여 부천 농촌지도소에서 근무하면서 아들들에게 복음을 계승시키며 살던 중 6·25 전쟁으로 피난길에 올랐다. 장인이 목회하고 있는 학다리에 도착하여 한숨 돌리고 있는데 공산군이 가까이 왔다는 소식이 들렸다. 장인, 처남, 나 이렇게 남자 세 명은 가족들을 학다리에 두고 부산으로 피난 가다 강진 송산교회에서 예배드리는데 공산군이 지나가 부산으로 가는 길도 막혀 산속에 들어가 숨었다.

산속에 숨어있으며 나는 장예숙을 장철수라 개명하고 새사람이 되어 내려와 가족이 있는 학다리로 돌아오는 길에 공산당에게 붙잡혀 죽게 된 순간 하나님께서 살려주시고 목회자의 길로 인도하셨다.

첫 목회지 복길교회는 공산군이 1950년 10월에 후퇴하며 마을 사람 149명을 잔혹하게 학살(성도 43명이 순교)당해 복길교회 성도들은 슬픔에 잠겨있었다. 나는 학살이 일어나고 3개월 후(1951년 1월) 복길교회에 부임했다. 하나님께서는 공산 정권에게 모든 것을 빼앗겼고, 죽음의 문턱에서 살아나온 나를 보내셔서 "내 백성을 위로하라."는 마음을 주셔서 말씀을 전하며 성도들을 위로하였다.

또 하나님께서 나를 가정에서 예배드리는 미자립교회로 보내셔서 예배당을 건축하게 하시고, 총회신학교에 보내셔서 공부하고 1958년 2월 졸업(제7회)했다. 1960년 2월 12일에 목포노회에서 목사안수 받은 후 독천교회에서 당회를 조직하고 날마다 부흥되고 있을 때, 목포노회에서 해남 원진교회로 파송하였고, 다시 목포노회에서 목포교회로 파송하여 목회하였다.

나는 주님의 명령에 복종하며 목회하기를 원했고, 우리 가정의 형편을 고려하여 피하려 하지 않았다.

1971년 6월 6일 신일교회를 개척하여 2003년 6월 6일 은퇴할 때까지 32년간 목회하고 신일교회 원로목사와 경기노회 공로목사로 추대되었다. 2003년 은퇴 후에는 군 여단장이 문암교회 담임목사로 위촉하여 2013년까지 군 선교목회를 했다.

나는 목회를 하면서 고향 소래목동교회를 생각하고 그리워하면서 공산당에게 빼앗긴 소래목동교회를 통일이 되면 고향으로 돌아가 재건하겠다는 생각을 명절에 만나면 아들들에게 말하였다. 그리고 경기도 포천군 문암리에 신일기도원을 세우며 "통일이 될 때까지 가문의 고향이라 생각하며 살아가자"라며 이십여 년을 살았다. 그런데 얼마 전 둘째 형일 장로가 "아버지! 아들 장가람 목사와 사위 장재우 목사가 할아버지 시대에 잃어버린 북한교회를 마음에 품고 기도하며 통일이 되면 복원할 청사진을 그리고 있어요"라고 이야기해 주었다. 이 이야기를 듣고 소래목동교회가 자손들의 가슴속에서도 살아나고 있음을 느끼며 전율이 일어나 아들들과 소래목동교회 재건의 꿈을 공유하고 청사진을 그리며 지내니 더욱 갈망하게 되었다.

이스라엘이 블레셋과 전쟁할 때 블레셋 진영은 베들레헴에 있고, 다윗왕은 산성에 있으면서 다윗왕이 베들레헴 성문 곁에 있는 샘물을 갈망하여 "베들레헴 성문 곁 우물물을 누가 내게 마시게 할꼬"라고 말하자 세 용사가 일어나 블레셋 군대를 돌파하고 지나가서 베들레헴 성문 곁 우물물을 길어 가지고 온 사건이 떠 오른다. 다윗왕이 적군에 빼앗긴 베들레헴 우물물을 갈망한 것처럼 나도 공산정권에 빼앗긴 저 북녘땅에 있는 목자들의 샘물을 간절히 갈망하게 되었다.

남북통일이 되면 사랑하는 자손들이 목자들의 샘을 되찾고 재건하여 하나님께서 우리 가문에게 사랑의 표로 주신 귀한 목자들의 샘물을 길어오는 꿈을 꾸니 가슴이 벅차오른다.

나는 아들들과 상의하여 소래목동교회 재건을 위한 전진기지를 신일기도원 설립일에 하기로 결정하였다. 이때부터 구체적으로 준비하기 시작하여 신일기도원 예배당을 소래목동교회 예배당으로 이름을 바꾸는 현판식 예배를 준비하게 되었다.

이 사실을 알게 된 소래노회가 동참하기로 결정하고 2020년 10월 31일 소래노회에서 증경총회장 안명환 목사와 노회장과 임원들이 참석해 주셨고, 북한선교회 이사장 강재식 목사, 통일선교연합 본부장 오치용 목사, 출애굽선교회 이사장 이용재 목사, 연안선교회 이사장 김준철 장로, 신일교회 당회장 안성호 목사 등이 참석하여 소래목동교회 예배당 현판식을 의미 있게 거행하게 되었다. 참으로 놀라운 하나님의 인도하심을 깊이 새기는 시간이었다.

소래노회에서 부족한 종에게 소래목동교회 담임목사로 위촉해 주셨다. 이 모든 사실은 하나님께서 "나의 종 장철수 목사야! 내가 너에게 100세가 되도록 건강과 총기를 준 것은 잃어버린 소래교회와 소래목동교회를 재건하고, 말살된 거룩한 이름 '대구면'과 '소래'를 복원하도록 자료를 준비하고, 그 시발점에 너를 세우기 위함이야." 라고 명하시는 음성으로 들린다.

나는 하나님의 명령에 순종하여 주님으로부터 칭찬받는 삶을 주님이 부르시는 그날까지 살아가고 싶다.

2022년 봄
장철수 목사

靈巖 張哲秀 牧師

# 소래목동교회
# 당회장 위촉예배

촬영일 _ 2021년 10월 11일

일시 _ 2021년 10월 30일 11:00
장소 _ 소래목동교회
주관 _ 대한예수교장로회 소래노회

# 당회장 위촉예배 순서

## 1부 예배
인도 : 소래노회 서기 **심명기 목사**

| | | |
|---|---|---|
| 묵      도 | | 다 같 이 |
| 찬      송 | 9장 | 다 같 이 |
| 신 앙 고 백 | | 다 같 이 |
| 기      도 | 소래노회 부노회장 **임봉업 장로** | |
| 찬      양 | 559장 | 장철수 목사 자녀손 일동 |
| 성 경 봉 독 | 학2:4-9 | 소래노회 부서기 **김한욱 목사** |
| 설      교 | 소래노회 노회장 **홍성서 목사** | |

"나중 영광이 크리라"

| | | |
|---|---|---|
| 찬      송 | 301장 | 다 같 이 |
| 축      복 | 대한예수교장로회 증경총회장 **안명환 목사** | |

## 2부 위촉 패 전달
사회 : 소래노회 증경노회장 **이영원 목사**

| | |
|---|---|
| 위 촉 패 전 달 | 소래노회 노회장 **홍성서 목사** |
| 축      사 | 소래노회 증경노회장 **배만석 목사** |
| 축      사 | 소래노회 증경노회장 **김현웅 목사** |
| 답      사 | 소래목동교회 **장철수 목사** |

## 3부 감사
사회 : 소래목동교회 **장정일 목사**(장철수목사 장남)

| | | |
|---|---|---|
| 찬      송 | 210장 | 다 같 이 |
| 기      도 | 소래목동교회 **장성일 장로**(장철수목사 삼남) | |
| 소래목동교회 소개 | 소래목동교회 **장형일 장로**(장철수목사 이남) | |
| 인 사 및 광 고 | 소래목동교회 **장은일 목사**(장철수목사 사남) | |
| 축      도 | 소래목동교회 당회장 **장철수 목사** | |

# 영암靈巖 장철수 목사 張哲秀 牧師

## 신앙경력

| | |
|---|---|
| 출생(出生地 : 黃海道 長淵郡 大敎面 金水里 牧洞) | 1923년 3월 3일(음) |
| 등록(소래목동교회) | 1933년 3월 26일 부활주일 |
| 해서제일학교 입학(27회 졸업, 소래교회에서 설립) | 1937년 4월 |
| 학습(소래교회 이성철 목사) | 1939년 4월 |
| 세례(소래교회 허간 목사) | 1939년 11월 |
| 집사 임명(소래교회 허간 목사) | 1941년 1월 |
| 장연성경학교 수학(제1회 졸업) | 1945년~1946년 |
| 전도사 인가(목포노회) | 1952년 |
| 총회신학교 졸업(제7회, 교장:박형룡 박사) | 1958년 2월 |
| 목사 안수(목포노회, 노회장:어기동 목사) | 1960년 2월 12일 |
| 목포노회장 | 1968년 10월 |
| 경기노회장 | 1981년 10월 |
| 총회장 | 1984년 9월 |
| 총회신학교 이사장 | 1991년~1998년 |

## 목회경력

| | |
|---|---|
| 소래목동교회(大敎面 松川牧洞敎會, 황해노회) | 1945년~1947년 |
| 복길교회(무안군, 목포노회) | 1951년~1953년 |
| 영동교회(나주군, 전남노회) | 1953년~1954년 |
| 백호교회(함평군, 목포노회) | 1954년~1956년 |
| 덕정교회(양주군, 황해노회) | 1956년~1957년 |
| 독천교회(영암군, 목포노회) | 1957년~1962년 |
| 원진교회(해남군, 목포노회) | 1962년~1965년 |
| 목포교회(목포시, 목포노회) | 1965년~1969년 |
| 파주제일교회(파주군, 경기노회) | 1969년~1971년 |
| 신일교회 설립 은퇴(서울, 경기노회) | 1971년~2003년 |
| 신일교회 원로목사 추대(경기노회 공로목사 추대) | 2003년 6월 6일 |

## 은퇴 후 목회

| | |
|---|---|
| 신일기도원 설립 원장 | 1985년 10월 28일~현재 |
| : 경기도 포천시 영북면 호국로 3665-163 | |
| 3806부대 문암교회 담임목사(여단장 위촉) | 2003년~2013년 |
| 소래목동교회 현판식(신일기도원) | 2020년 10월 31일 |
| 소래목동교회 장철수 목사 당회장 위촉(소래노회) | 2021년 10월 30일 |

# 소래목동교회 교적부

담임목사 장철수(총회신학교 제51회<남산 제7회>)          신현숙 사모

교역자
1.장정일 목사(목사안수:1977년 10월)          이명자 사모
    *소래교회 당회장 허간 목사에게 유아세례 받음
2.장은일 목사(목사안수 :1992년 10월)          장인자 사모
3.장재우 목사(목사안수 : 2009년 10월)          장이슬 사모
4.장가람 목사(목사안수 : 2011년 10월)          이은지 사모
5.장경헌 목사(목사안수 : 2012년 10월)          배주희 사모
6.유부홍 목사(목사안수 : 2012년 10월)          이혜진 사모
7.장경석 전도사(칼빈신대원 3학년)          송혜림 사모

장로
1.장형일(장로장립:1979년 7월 17일) *소래교회 당회장 허간 목사에게 유아세례 받음
2.장성일(장로장립:1996년 6월 6일)

안수집사
1.최성진(집사장립:2012년)
2.장진삼(집사장립:2015년)

권사
1.권태숙(권사취임 :1998년 6월 6일)
2.김정배(권사취임 : 2001년 6월 6일)

서리집사
김홍서, 김현수, 장경아, 장슬기, 박정연, 장경혜

교인(유아세례 및 입교)
장경찬, 장윤희, 장경배, 장주희, 장준영, 최수진, 최진규, 장아영, 장서영,
장지영, 장민영, 장건영, 장성준, 장하준, 장세준, 장온유, 장 겸, 장에셀,
장지후, 장은후, 장준후, 박하민, 유이나, 유아라

* 위 교적부는 소래목동교회 재건을 꿈꾸며 준비하고 있는 장철수 목사와 자손들의 명단
이며 직분은 지금 섬기고 있는 교회의 직분임을 밝힌다.

# 참고문헌

1. 박용규, 『한국기독교회사 1』, 생명의 말씀사
2. 이찬영, 『이찬황해도 교회사』, 소망출판사
3. 이찬영 편저, 『장연군 기독교 120년사』, 장연군 기독교 120년사 간행위원회
4. 유해석, 『토마스 목사전』, 생명의 말씀사
5. 김대인, 『숨겨진 한국 교회사』, 준애드피아
6. 이송죽·정혜순·이정숙·전동현·이방원 공저, 『김필례: 그를 읽고 기억하다』, 열화당 영혼도서관
7. 『대구면지』, 대구면지 편찬위원회,
8. 영흥교회 100년사(영흥교회 역사편찬위원회)
9. 김헌곤 편저, 『한국교회 순교자 열전』, 토비아
10. 신앙 명문가 장연군 소래 김성섬 가정(이상규 저)
11. 말콤 펜윅 선교사와 한국 침례교회
12. 한 알의 밀이 땅에 떨어져 죽으면(매켄지 선교사의 일생)
13. 실록 한국기독교 100년(성서교재 간행사)
14. 이제는 누구의 차례인가?(이병범 목사 저)
15. 알렌, 현대 한국의 여명(민경배 저)
16. 홍중현 목사 자서전
17. 기독신문
18. 크리스챤 리뷰
19. 그리스도 신문
20. 한국일보
21. 뉴스 엔조이
22. 무안신문
23. 아이굿 뉴스

# 소래목동교회 사진 인용 현황

| 번호 | 사진 명 | 인용 책 |
|---|---|---|
| 1 | 증축예배당, 희년 예배당, 학교 | 장연군기독교120년사 |
| 2 | 지도(대구면 소래지역) | 황해도중앙도민회 홈페이지 |
| 3 | 지도(소래교회 예배처소 위치) | 위성사진 |
| 4 | 장철수 목사 대표기도 | 소장품 |
| 5 | 토마스 선교사 | 위키피디아 |
| 6 | 셔먼호로 추전되는 그림 | 위키피디아 |
| 7 | 대동강 모란봉 | 한국민족문화대백과사전 |
| 8 | 토마스호 | 위키피디아 |
| 9 | 지도(복음의 씨앗이뿌려진유래) | 황해도중앙도민회 홈페이지 |
| 10 | 존 로스 선교사 | 위키피디아 |
| 11 | 서상륜 | 위키피디아 |
| 12 | 한글 첫 성경(로스 번역) | 대한 성서공회 |
| 13 | 백홍준 서상륜 최병호 사진 | 한국 컴퓨터 선교회 |
| 14 | 알렌 선교사 | 나무위키 |
| 15 | 광혜원 | 나무위키 |
| 16 | 언더우드 선교사 | 기독신문 |
| 17 | 서경조 목사 | 나무위키 |
| 18 | 이승철 목사 | 장연군기독교120년사 |

| 19 | 허간 목사 | 장연군기독교120년사 |
|----|----------|---------------------|
| 20 | 선바위골 예배처소 | 양지 총신대<br>장연군기독교120년사 |
| 21 | 소래교회유년주일학교야외예배 | 대구면지 |
| 22 | 소래교회유년주일학교야외예배 | 대구면지 |
| 23 | 해당화 | 장연군기독교120년사 |
| 24 | 해수욕장 외국인 피서객 | 대구면지 |
| 25 | 봉대와 별장지대 | 대구면지 |
| 26 | 매켄지 선교사 | 장연군기독교120년사 |
| 27 | 지도(샘물을 통한 구원 예표) | 황해도 교회사 |
| 28 | 소래교회 예배당 준공기념사진<br>김필례 책에 사진 설명 중의 내용을<br>사진에 기록함 | 양지 총신대<br>숨겨진한국교회사<br>김필례 |
| 29 | 증축 예배당 기념사진 | 장연군기독교120년사 |
| 30 | 매켄지 선교사가 살던 집 | 장연군기독교120년사 |
| 31 | 매켄지 선교사 무덤 | 장연군기독교120년사 |
| 32 | 송천유아원 졸업 사진 | 대구면지 |
| 33 | 소래교회 희년 예배당 | 숨겨진 한국 교회사 |
| 34 | 원한경 박사 자동차(한국일보) | 대구면지 |
| 35 | 김마리아 열사 | 국가 기록원 |
| 36 | 서의동교회 장로장립기념사진 | 장연기독교120년사 |